はじめに……なぜかリピートしたくなる！　顧客倍増の秘密

これからお伝えするのは、あなたの会社の商品を購入してくれたお客様をとりこにし、あなたの会社のファンに育てていく仕組みです。

・商品には自信があるのに、既存のお客様がどんどん減っていく
・常に新規のお客様を追いかけないと予算が達成できない
・優良客に毎月ＤＭやニュースレターを出しているのに売上が落ちている
・新規のお客様の獲得コストがふくらみ、採算が合わない

もし、あなたの会社にこんな悩みがあれば、これからお伝えすることが役に立つかもしれません。

この仕組みを理解し、実践すると、第１に、あなたの会社に継続的な利益をもたらしてくれる顧客層がわかります。第２に、お客様の層に応じて適切なアプローチができるようになります。第３に、あなたの会社から離れてしまった大切なお客様を再び呼び戻すこと

ができます。その結果、継続的に売上がアップしはじめるのです。

この仕組みをつくったのは、「やずや」の大番頭、西野博道さんです。西野さんは、現在、やずやグループのひとつ、㈱未来館の代表取締役社長として活躍なさっています。「やずや」という名前は、一度は聞いたことがあると思います。そう、「やずやの香醋《こうず》」や「にんにく卵黄」などの健康食品で有名な通信販売会社です。

今では、社員約80名で年商300億円規模を売り上げている「やずや」さんも、平成7年からの2年間は、業績が低迷していたそうです。そのとき、「やずや」創業者の右腕として経営企画・マーケティングを担っていた西野さんが開発し、その後の業績回復に大きく貢献したマーケティング理論が、これからお話しする『顧客ポートフォリオ・マネジメント理論』なのです。

西野さんは、**「出会ったお客様は家族だと思ってお付き合いしています」**とおっしゃいます。また、**「売上はお客様からのごほうび」**だとも。

家族だからこそ、一生付き合いたいと思ってもらえる企業を目指したところ、「お客様との絆を大切にし、リピート顧客を増やす」という、かつてないような「コミュニケーシヨン型マーケティング理論」が生み出されました。

そして、数々のデータ分析を基に、『顧客ポートフォリオ・マネジメント理論』を実践した結果、1年もたたないうちに売上が回復し、10数年たったころには、当時の14倍にも跳ね上がったというから驚きます。しかも、社員数は10数年前の2倍にも満たないのです。

それだけではありません。その後、「やずや」さんが新たに立ち上げた㈱九州自然館は、社員4名で顧客ゼロ、商品ゼロからスタートし、この『顧客ポートフォリオ・マネジメント理論』を使って、わずか3年半で年商20億円以上の企業に成長したのです。今お話しただけでも、『顧客ポートフォリオ・マネジメント理論』が、いかに効果的な手法であるかおわかりいただけるでしょう。

ところが、こういう話をすると、「そうは言っても、単価の低い健康食品や通信販売業界だけで通用する話じゃないの？」とおっしゃる方がいます。

でも、安心してください。『顧客ポートフォリオ・マネジメント理論』は他のビジネスでも応用可能です。

たとえば、小売業、住宅リフォーム業、エステサロン、歯科医院、美容院、花屋、自動車販売、観光業、印刷業、薬局、清掃用具レンタル、パソコンスクール、インターネットの八百屋、お米の通販業、インターネット・コンサルタント、旅館、レンタカー業など、多くの企業がこの『顧客ポートフォリオ・マネジメント理論』を取り入れ、すでに実績を上げはじめています。顧客と直接に取引できる業種なら、顧客単価が高いか安いか、従業員数が多いか少ないかは一切関係ありません。

ですから、迷っている時間があったら、1日でも早く実践することをお勧めします。やれば必ず結果が生まれます。

この本では、開発者である西野さんのご協力と許可をいただき、読者のみなさんに『顧客ポートフォリオ・マネジメント理論』のノウハウを惜しみなくお伝えしていきます。

コミュニケーションをとればとるほど、お客様との絆が深まり、リピート顧客が倍増する。その効果に、あなたもきっと驚かれることでしょう。

はじめに……1

第1章 マーケティングの常識を疑え

あなたが持っているバケツには、穴があいている……12
「新規客獲得」の難しさ……14
RFM分析の落とし穴……16
流出客を早期発見する『顧客ポートフォリオ・マネジメント理論』……21
お客様は4ステップで成長する……22
流出したお客様も色分けする……27
顧客層の個性をつかめ!……29
「流行客」が離れてしまう本当の理由……32
地味で目立たない「コツコツ客」こそ宝の山……34
「コツコツ客」を見落としていた欧米型マーケティング手法……36

顧客維持コストは「費用」ではなく「投資」と考える……38

第2章 顧客ポートフォリオでお客様の心をつかめ！

顧客ポートフォリオ明細票をつくる……44
顧客ポートフォリオ集計表をつくる……46
1枚のレントゲンから意思決定を下す……54
コミュニケーションで「離脱客」を呼び戻せ……58
「優良客」は特別感を求めている……60
「クロスセリング」のタイミングを見逃すな……63
アプローチの優先順位を間違えてはいけない……65
「初回客」を離脱させない育て技……67
なぜ、そこまで既存客をフォローするのか……72
顧客ポートフォリオはお客様から見た自社の成績表……73

第3章

グラフとデータを読みこなせ！

自社の姿を読み取り、問題点を探る……80
「初回離脱の谷」に落ちると、フォローしてもムダ……88
お客様は「コミュニケーション」に反応する……90
「推移率」をどれほど真剣に考えているか……93
自社の「推移率」はどうなっているのか？……95
なぜ、リピート客を生む仕組みが重要なのか？……100
懺悔のポートフォリオ……102
自社の「よい点」を探すことも大切なステップ……104
問題点を絞り込もう……106
お客様の立場で情報を整理・発信する……111

第4章

「絆」経営で自社も顧客も育成

先代社長の遺志を継いで………120
売上が落ちても打つ手がない！………124
いまのやり方では〝お客様の変化〟が見えない………126
他社とは違う、お客様との「絆」を深める考え方………128
顧客ポートフォリオで企業を「健康診断」する………132
お客様を喜ばせるDMは、売り込みではなく「サービス」………134
ワンマン企業から、全員参加型企業へ………136

附章

自社のボーダーラインを決めるための「Q＆A」

無料サンプル請求者以外は、すべてポートフォリオの対象になる………140

最初の3ヶ月で徹底的にコンタクトをとることが重要……142
財布から出したお金が1ヶ月以内に戻ってくればフォローを続ける……143
顧客フォローは「売り込み」ではなく「絆づくり」……145
フォローは、まず「2パターン」送ればOK……146
イメージにこだわらず、知恵を絞れ……148
「紙」で伝えることの重要性……149
トップの意思の強さで、社員のモチベーションが決まる……151
商品開発の基準は「想い」……152
おわりに……154

第1章

マーケティングの常識を疑え

あなたが持っているバケツには、穴があいている

さて、どんな企業にせよ、ビジネスにおいて、もっとも大切なこととは何でしょうか？

それは、
・新規客を増やすこと
・既存客を守ること
といえるでしょう。この両方を同時に進めていくことが重要です。

当たり前といえば当たり前の話ですが、ここであえてお話するのは、多くの企業が新規客の獲得ばかりに目がいって、どうも既存客を守ることに目が向いていないように思えるからです。

仮に、あなたの会社をバケツにたとえてみるとよくわかります。

図1のように、バケツの中に8分目ほどの水が入っているとします。この水は、あなたの会社の商品やサービスを買ってくれるお客様です。あなたは、バケツを早くいっぱいにしようと、上からどんどん水を入れます。つまり、新規客を獲得するわけです。ところが、水を入れても、入れても、バケツがいっぱいにならないことに、あなたはあるとき気がつ

［図1］

水（新規客）を入れても、入れても、バケツがいっぱいにならないのは、バケツの底に穴があいていて、せっかく獲得したお客様が流れ出ているから。

きます。どうしてだろうと、バケツを持ち上げてみたら、底には大きな穴があいていて、せっかく集めた既存客が、知らない間に流出していたのです。

この場合、あなたがとるべき行動の優先順位は、

①バケツの穴をふさぎ、既存客の流出を防ぐ

②足りない分だけ新規客を獲得する

であることがわかります。

どんどん入れても、どんどん流れていく。流れていくから、また焦って入れようとする。あなたの会社は、ひょっとしてこんな悪循環を繰り返していませんか？

「新規客獲得」の難しさ

冒頭にもお話したように、『顧客ポートフォリオ・マネジメント理論』は、いかにして入ってきたお客様を大切に育て、自社との絆を深めてもらうかに主眼が置かれています。年に何度も自社を利用してもらい、たくさんお金を払ってくれる優良なリピート客を1人でも多く増やしていこうという考え方です。

これには、日本の消費社会の転換という背景が大きく影響しています。

2005年に実施された第23回通信販売企業実態調査によると、日本通信販売協会（通称JADMA）会員企業が抱える現状の課題として挙げたもののうち、「新規客の獲得が難しい」と答えた企業が59％もありました。

以下、「売上高の確保が難しい」と答えた企業が50％、「利益の確保が困難」と答えた企業が44％と、いずれも半数近いかそれ以上であるのに対して、「売れ筋商品の開発が課題である」と答えた企業は38％、「既存客の維持が難しい」と答えた企業は29％にとどまりました。（図2）

つまり、新規客を増やすのは難しい（59％）けれど、それに比べれば、既存客を守る方

〔図2〕現状の課題（通販業界）

1.	新規顧客の獲得	59%
2.	売上高の確保	50%
3.	利益の確保	44%
4.	売れ筋商品の開発	38%
5.	既存顧客の維持	29%

第23回通信販売企業実態調査による
対象：日本通信販売協会会員企業
実施時期：2005年6月～7月

がたやすい（29％）というわけです。

実際に調べてみると、10年前に比べて、新規客の獲得数は10分の1。これまでは、1回の広告・チラシで100人の新しいお客様が見つかったものが、同じ広告を出しても、いまは10人しか見つからない時代になりました。

とりわけ、ダイレクトマーケティングにおいては、新規客を獲得するコスト（**CPO＝cost per order**）、つまり1件の受注に対するコストを見極めることが重要になりますが、このCPOが10年前の約10倍。これまで1人当たり約10000円で見つかったお客様が、1万円以上出さないと見つからなくなったのです。CPOのよい企業でも、6000円程度というのが現状で、ＣＰＯの悪い企業になると2～3万円かかる企業もあるようです。

さらに、こんな数字もあります。

広告やチラシで商品を案内したときに新規客が見つかる確率は、ＤＭで１～０・４％、新聞の折込チラシにいたっては、わずか０・０５～０・０２％。

いくら広告を出しても新規客は見つからず、手間とコストだけがかさんでいく…。いずれにしても、新規客を見つけるのが、いかに難しい時代になったかがおわかりいただけると思います。

ＲＦＭ分析の落とし穴

新規客の獲得が難しい時代。「じゃあ、既存客の流出を防げばいいんだよね」と、あなたは思うかもしれません。しかし、現実はそれほど甘くありません。

急いで既存客に向けてキャンペーンを打つ？　ＤＭやニュースレターを送る？　それとも売り込みの電話をしますか？

それも時と場合によっては効果があるかもしれません。しかし、いままでのやり方では既存客を維持できるどころか、減っていく可能性のほうが高いのです。なぜでしょうか？

その答えは、「既存客それぞれの状態にあった施策を打っていないから」です。

では、いままでのやり方の何が問題だったのでしょうか？

これまで、既存客をセグメントし、販促していく顧客分析ノウハウでは、**ＲＦＭ分析（Recency, Frequency, Monetary）、ＡＢＣ分析（Activity Based Costing）などの分析手法が、一般的によく使われています。**

ご存知の方も多いと思いますが、**ＲＦＭ分析とは、「Ｒ（Recency）＝最終購入日」「Ｆ（Frequency）＝累積利用回数」「Ｍ（Monetary）＝累積利用金額」を基にしてお客様の購買行動に得点をつけ、Ｒ・Ｆ・Ｍがともに上位の人を抽出し、その人たちにアプローチする手法**のことをいいます。

また、ＡＢＣ分析は、売上高や粗利高、購入数、購入頻度の高い顧客を上位から下位に並べる手法で、上位のお客様への商品販促やサービスの展開をする際に、顧客を割り出すポピュラーな方法です。

そうした分析理論と『顧客ポートフォリオ・マネジメント理論』の大きな違いは、短期

〔図3〕今までどんな施策を打ってきたか？

（例）RFM分析

【RFM分析基準】	5	4	3	2	1
R:最終購入日	3ヶ月前	6ヶ月前	12ヶ月前	18ヶ月前	それ以前
F:累積利用回数	10回	5回	3回	2回	1回
M:累積利用金額	100万円	50万円	20万円	1万円	それ未満

R, F, Mがともに上位の顧客を抽出し、その顧客にアプローチする手法

例えば、優良客を「RもFもMもすべて5点の人」と定義し、この人たちを抽出し、DMを送る

的視点に立つか、長期的視点に立つかの違いです。

これまでの分析理論に基づくと、どうしても短期的に利益貢献してくれる顧客だけに目がいきますが、ゆっくりとですが着実に購入してくれる顧客を見逃してしまう落とし穴もあったのです。

ここでは、そのRFM分析を例としてみましょう。

たとえば、最終購入日が3ヶ月以内の人には5点、3～6ヶ月以内の人には4点、6～12ヶ月以内の人には3点…というように購入日によって点数をつけていきます。同じように、これまで自社から10回以上買ってくれた人には5点、5～9回の人には4点…。また、これまで自社

の商品を100万円以上買ってくれた人には5点、50～99万円の人には4点…というように点数をつけ、より最近、より多く購入いただき、よりお金をたくさん出してくれた高得点の人（優良客）だけを選んでDMやハガキやメールを送り、できるだけたくさんの商品を買ってもらうやり方です。（図3）

RFM分析の優れた点は、優良客に積極的にアプローチできるので、得点の低いお客様に比べれば、当然、高い確率でまた買ってくれるというメリットが1つ。2つめには、フォロー効率が高いのでコストの極小化が図れるというメリットがあります。

つまり、短期的に売上を伸ばしたい場合には非常に効率がいいわけです。

反対に、デメリットは何かというと、R・F・Mだけでお客様を分析すると、過去にはたくさん買ってくれていたが、ここ1年は買っていないという、R（Recency）の点数が低い人にはアプローチしなくなってしまうという点です。同時に、金額は少なくて目立たないけれど、安定して買ってくれているお客様や、流失してしまったお客様にもアプローチしない点が挙げられます。

したがって、どうしても最近買った人だけを大事にして、そうでないお客様は切り捨てるという戦略にならざるを得ないのです。

この手法を使ってR・F・Mが低い人を選び、その人たちにアプローチすることもできますが、「限りある資金を無駄にすることはできない」「レスポンスのヒット率の低さを想定してしまうと、こわくて冒険できない」と、尻込みしてしまう経営者がほとんどです。

しかし、売上の上位客ばかりフォローした結果、何が起こるかというと、売上の下位客が離れていくので、対象となる顧客数が徐々に少なくなり、全体数（顧客分母）がゼロに近づいてしまいます。

また、売上の上位客だけにアプローチを繰り返すので、最初は気前よく買ってくれていたお客様にも飽きられてしまう、あるいは、「しつこい」と嫌がられてしまうことになりかねません。

たとえば、毎月同じようなDMが自宅に届き、その中身がいつもの商品やサービスの案内&注文書であると想像できた時点で、あなただって「ああ、またか…」と思うでしょう。そして、送られてきたDMを封も開けずにゴミ箱に捨ててしまうかもしれません。

ただし、1つだけ忘れてはいけないのは、それが「売り込みのDM」だから嫌われるのであって、お客様にとって本当に役立つ情報を送り続けることができるなら、話は別です。

うまくいっている、業績が伸びている企業ほど、お客様に喜ばれる有益な情報を出し続けているということを、ぜひ覚えておいてください。

流出客を早期発見する『顧客ポートフォリオ・マネジメント理論』

『顧客ポートフォリオ・マネジメント理論』では、まず、顧客を5つの属性に分けるデータベースづくりからはじめます。

ここでは、それぞれの顧客の呼び方も覚えてください。開発者の西野さんによる正式名称は別にありますが、この本では、リピート顧客倍増実践会で使用している名称を使うことにします。

初めて自社の商品・サービスを買ってくれた新規のお客様のことは、「初回客」と呼びます。2回目を買ってくれたお客様は「よちよち客」。リピート客は「流行客／コッコツ客」(購入金額によって、流行客とコッコツ客に分類する)。そして、自社のファンと呼べるお客様は「優良客」として識別します。

「よちよち客」なんて、ちょっとユニークなネーミングですが、西野さんから「お客様は家族」とお聞きしていたので、「初回客」が生まれたばかりの赤ちゃんだとしたら、2

〔図4〕顧客ポートフォリオマネジメント分析の詳細

顧客の呼び方

新規客 ⇒ リピート客 ⇒ ファン客

初回客 ⇒ よちよち客 ⇒ ｛流行客／コツコツ客｝ ⇒ 優良客

上段：一般的な呼び名

下段：リピート顧客倍増実践会で使う呼び名

回目のお客様は、よちよち歩きをはじめた2〜3歳のイメージだなと思い、親しみを込めてつけました。（図4）

お客様は4ステップで成長する

次に、お客様を分類する基準・定義についてお話します。

『顧客ポートフォリオ・マネジメント理論』にあって、RFM分析にはない、最も大きな違いは、購入金額に「在籍期間」と「離脱期間」を組み合わせて立体的に捉えている点です。

「在籍期間」とは、お客様とのお付き合いの期間のこと。つまり、新規客になった日（初回

〔図5〕顧客ポートフォリオマネジメント分析の詳細

ポートフォリオ算出条件

在籍期間　＝　最終購入日　－　初回購入日

離脱期間　＝　現在　－　最終購入日

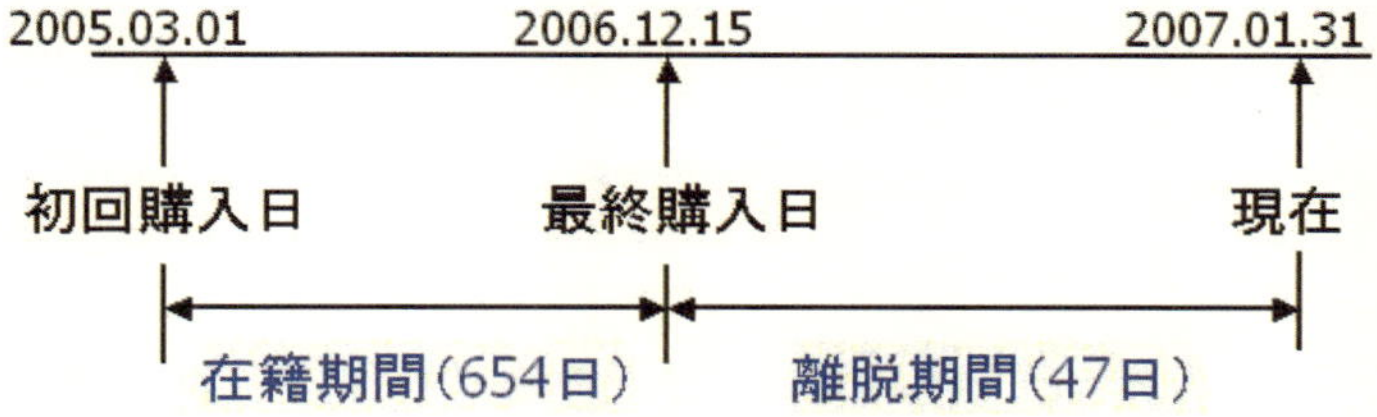

購入日）から最後に買ってくれた日（最終購入日）までの期間ということになります。

「離脱期間」とは、お付き合いが途切れてしまった期間のこと。現在日から最終購入日を引いた期間です。

たとえば、Ａというお客様の初回購入日（２００５年３月１日）から最終購入日（２００６年12月15日）までが「在籍期間」で６５４日です。また現在日（２００７年１月31日）から最終購入日に至る「離脱期間」は47日となるわけです。（図５）

そして、この「在籍期間」「離脱期間」にいくつかの条件をつけて顧客データを算出し、それぞれのお客様が、先ほどの５つのパターンのうちどこに当てはまるのかを見ていきます。

ここで読者にお伝えしておくことがあります。本書は顧客管理や販促マーケティングの実践書としてのポジションがある手前、お客様には「現役客」と「離脱客」があると定義します。文中に「～客」と出てきたときは、この二つの意味があるのだとお考えください。つまり優良客と出てきたら、優良現役客と優良離脱客の双方を含みますが、一方で優良現役客というふうに、明確に「離脱系のお客様」と区別して出てくることもあります。

その点を、面白く読んでいただき、役立てていただく上でのルールとさせていただきますので、どうかご理解ください。

各パターンの定義は、次の通りです。

・初回現役客………「離脱期間」240日未満のお客様（初回客は「在籍期間」を0日とします）

・よちよち現役客………初回購入日から90日未満の間に2回目を買い、なおかつ「離脱期間」が240日未満のお客様

〔図6〕顧客ポートフォリオマネジメント分析の詳細

顧客層(ランク)の図式化

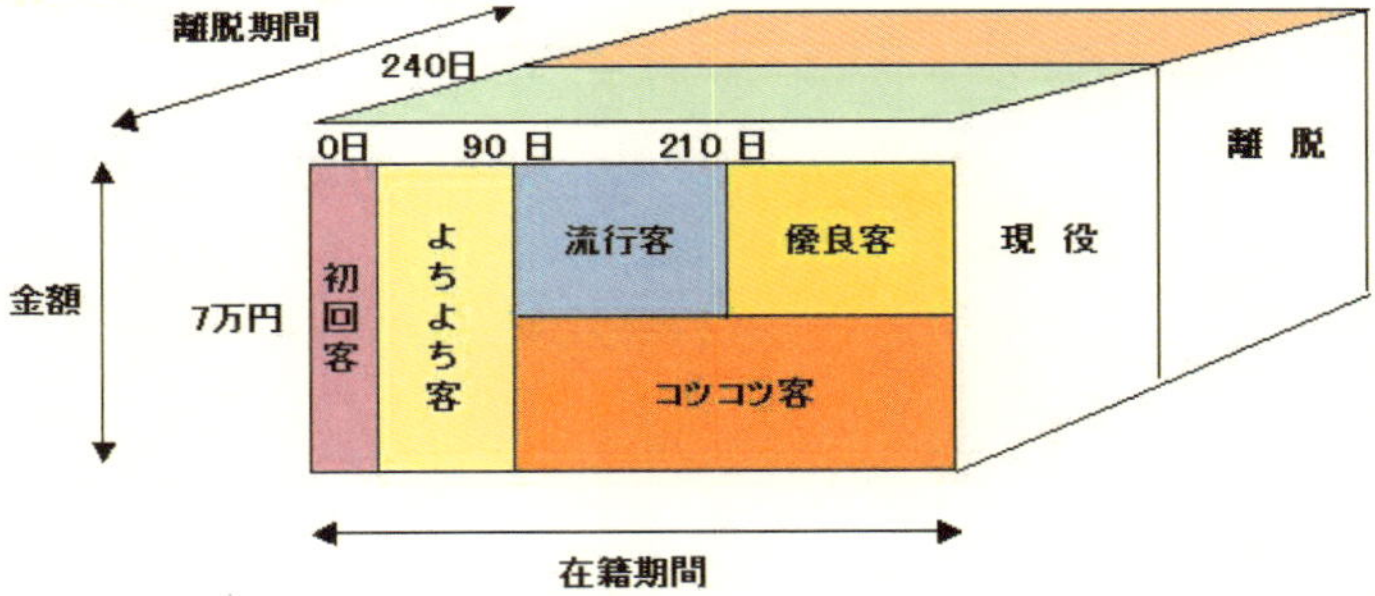

・流行現役客………「在籍期間」が90日以上２１０日未満であり、「離脱期間」が２４０日未満。なおかつ「売上累計」が7万円以上あるお客様

・コツコツ現役客………「在籍期間」が90日以上あり、「離脱期間」が２４０日未満。なおかつ「売上累計」が7万円未満のお客様

・優良現役客………「在籍期間」が２１０日以上あり、「離脱期間」が２４０日未満。なおかつ「売上累計」が7万円以上のお客様

これを図に表してみます。(図6)

図の見方を一部補足しますと、「初回現役客」は2回目を買ってくれた時点で「よちよち現役客」に進みます。

「よちよち現役客」は何回買っても、いくら買っても、90日未満なら「よちよち現役客」のままですが、90日が経過した時点で、累計額が7万円以上あれば「流行現役客」、7万円未満であれば「コツコツ現役客」の、どちらかの顧客層に進むことになります。

「流行現役客」は、「在籍期間」が210日を超え、かつ「離脱期間」が240日未満であれば、そのまま隣の「優良現役客」の顧客層へ進み、「コツコツ現役客」は「在籍期間」が210日を超え、「累計金額」が7万円を超えた時点で、上の「優良現役客」の顧客層へ進むことができます。

図で見てみると、ベルトコンベアーのようにお客様が流れていく様子（成長過程）がよくわかると思います。

「初回客」→「よちよち客」→「流行客」→「優良客」という流れ方もありますが、理想的な流れは、「初回客」→「よちよち客」→「コツコツ客」→「優良客」という流れ方です。なぜ、理想の流れに「流行客」が抜けているかという点については、後ほど説明します。

それから、コツコツ客と流行・優良客を分ける「7万円」のバーですが、「この7万円という金額が、自分の会社では適切なのか」と気になっている読者もおられると思います。

この「7万円」というのは、1回当たりの客単価が1万円前後であると想定した場合の金額です。あなたの会社の客単価が5000円前後であれば、7万円を「4万円」に置き換え、8000円前後なら、7万円を「6万円」に置き換えてください。

これに当てはまらない場合は、「7〜8回購入していただくと優良客になる」と想定し、1回当たりの平均購買単価の約7倍で、切りのいい金額にするのがいいと思います。

また10〜1000万円までの高額商品については、「自社の優良客は、平均でいくら以上使っているのだろうか？」と、自社の顧客リストを眺めながら考えてみてください。特に、モデルケースとなるお客様がいれば、その方の金額を設定してみるのもいいでしょう。

また、「在籍期間」「離脱期間」については、基本的に自動車販売業も、住宅リフォーム業も、美容院も、歯科医院も、すべて一律、同条件とします。

流出したお客様も色分けする

と、ここまでは、いま現在、自社のお客様でいてくれている人たちの話。

先ほどの図をよく見ると、この5パターンが描かれたボックスの奥行きに、「現役」「離脱」と書いてあります。前述しましたが、実は「初回現役」「よちよち現役」といった、これまで説明してきた「現役客」の後ろには、それぞれ「初回離脱」「よちよち離脱」と呼ばれる「離脱客」が隠れているのです。

離脱客の定義はこうです。

・初回離脱客………初回購入日から240日以上、何も買っていないお客様
・よちよち離脱客………よちよち期間（90日未満）の最終購入日から240日以上、1度も買っていないお客様（流行客にもコツコツ客にも進まなかったお客様）
・流行離脱客………流行現役客の顧客層にいる期間（90日以上）の最終購入日から240日以上、1度も買っていないお客様
・コツコツ離脱客………コツコツ現役客の顧客層にいる期間（90日以上210日未満）で最終購入日から240日以上、1度も買っていないお客様
・優良離脱客………優良現役客の顧客層にいる期間（210日以上）で最終購入日から240日以上、1度も買っていないお客様

離脱客とは、先ほど述べた「バケツの底の穴から流れ出てしまった水」のようにイメージできますが、出て行ってしまった水にもさまざまな特性があったことに驚かれた方も多いのではないでしょうか。

しかし、この水は、『顧客ポートフォリオ・マネジメント理論』を使えば、バケツに戻すことが可能なのです。たとえば離脱してしまった「優良離脱客」を「優良現役客」として復活させることもできるのです。これについても、また詳しく説明します。

顧客層の個性をつかめ！

ここまでの説明で、『顧客ポートフォリオ・マネジメント理論』の全体像が大雑把につかめてきたのではないでしょうか。

顧客ポートフォリオ・マネジメントをゲームにたとえるなら、初回客100人でスタートして、何人を優良客にゴールさせられたかを競い合う双六《すごろく》のようなものです。

もちろん、現実的には100人全員を優良客にゴールさせることは難しいので、いかに高い確率で、初回客→よちよち客→コツコツ客とコマを進め、210日間（約7ヶ月間）

で優良客に育てることができるかというのが、この顧客ポートフォリオ・マネジメントの真髄であるといえます。

そして、ゲームをうまく運ぶためには、各顧客層ごとに適切なアプローチをしていく必要があり、そのためにも、「初回客」「よちよち客」「コツコツ客」「流行客」「優良客」それぞれの特性（個性）を十分に把握しておくことが重要なポイントになります。

さて、少し慣れてきたところで、ここからは『顧客ポートフォリオ・マネジメント（**Customer Portfolio Management**）』の頭文字をとってＣＰＭ、またはＲＦＭ分析との対比のために、分析方法をＣＰＭ分析と呼ぶことにします。

では、さらに各顧客層の特性を掘り下げていきましょう。

・初回客

「初回客」は、いうまでもなく自社から初めて何かを購入してくれたお客様です。きっかけはチラシか、広告か、インターネットかわかりませんが、とにかく自社が扱う商品やサービスが気に入って買ってくれました。ただし、初めてなので商品のことをよく知りません。実際に手にとってみて、次に買うかどうかを決めます。だから、「1度買って終わり」というケースが最も多いのもこの顧客層の特徴。つまり、離脱客になる確率が最も高い顧客層であるといえます。

・よちよち客

90日の間に2回目、もしくはそれ以上購入してくれたお客様です。第一関門はクリアしました！　きっと初回購入後に満足が得られたのでしょう。うれしいことです。でも、油断は禁物。なぜなら、「よちよち客」はまだ商品のことはもちろん、自社のこともよくわかっていないからです。付き合いの浅いうちは心変わりも早いもの。「初回客」や「よちよち客」がいくら買ったか、金額を一切考慮しないのもそのためです。

・流行客

リピート客になって、まだ日が浅い（90日以上210日未満）うちに、累積購入金額が7万円を超えているお客様です。短い期間にドーンと買ってくれたので、非常に目立ちます。派手なお客様というイメージもあります。

・コツコツ客

毎回の購入金額は少ないものの、長い間（90日以上）にわたって、安定してコツコツ買ってくれているお客様です。本当に自社の商品が好きになってくれたのでしょう。ただし、少し物足りないのは累積購入金額が7万円に満たないことです。派手に買い物をしてくれる流行客と比べると、正直言って地味で目立たないように感じます。そのためフォローも怠りがちになります。

・優良客

長期間（210日以上）にわたって、7万円以上購入してくれているお客様です。このお客様のおかげで、自社の売上が達成できているようなもの。「売上の8割は顧客の2割が生み出している」というパレートの法則（80：20の法則）がありますが、優良客は、まさにその2割に当たる人たち。つまり自社のファン客です。送ったDMに対して最もレスポンス率が高いのもこの人たちなのです。

「流行客」が離れてしまう本当の理由

ここまで読んで、あなたは「流行客」と「コツコツ客」、どちらを会社として大事にしなければいけないと思いましたか？

常識的に考えると、短期間に大量に買ってくれる「流行客」のほうが、いいお客様でしょう。しかしＣＰＭでは、「コツコツ客」のほうが大切だと考えます。なぜか？

流行客は、たしかに目立つ買い方をします。ですが、実際に買っているのはキャンペーン商品だったり、「まとめて買うと20％オフ！」のバーゲン商品だったり、「いまならもう1個プレゼント！」だったり…よく見ると、お買い得のモノやサービスに反応している人たちだとわかります。

これがどういうことかというと、企業から見れば、一見いいお客様に見える反面、安売りやキャンペーンやプレゼントに反応するということは、他社がもっと安い価格で売ったら、すぐそちらに乗り換えてしまう可能性があるということです。そういうお客様は、もっと安いところはないか、もっといいキャンペーンはないかと常に探しています。そして、いいものがあると目移りして、そちらに飛びつく特性を持っているのです。

顕著な例は、航空会社です。各航空会社は1年中、「早割」や「特割」、「いまならトリプルマイルプレゼント！」といったキャンペーンを打っています。「私はこの航空会社しか乗らない」と決めているお客様もいるでしょうが、「チケットが安く買えるならそのほうがいい」と、流行客的な心理をあおる市場であるともいえます。

読者の中にも、「ネットでいろいろ調べて、1番お得な航空会社のチケットを買った」という経験のある人は多いのではないでしょうか。

ちなみに「やずや」さんの場合は、モノよりも「お客様との絆づくり」を大事にしているので、お客様をあおるような割引きキャンペーンは行わない（つまり流行客を意図的につくらない）ようにしているそうです。

流行客をつくらないということは、割引きキャンペーンを極力やらないということです。流行客というのは、いい話があれば飛びつく特性を持っている以上、企業から見て不安定なお客様であることは否定できません。不安定なお客様をたくさんつくってしまうと、流行客がごっそり抜けたときに経営母体がゆらぐ可能性すらあるのです。

先ほど、ＣＰＭの理想的な流れに「流行」が入っていない理由もそこにあります。

地味で目立たない「コツコツ客」こそ宝の山

では、「コツコツ客」はどうなのかというと、「流行客」とは対照的に、心に反応する傾向が高いといえます。

〝心に反応する〟とはどういうことでしょうか？　「コツコツ客」は、地道に長く購入し続けるお客様なので、あまり目立つことはありません。しかし、この顧客層のお客様は、いま買っている商品が本当に好きだから、あるいは、この会社が好きだから買っているので、他社の「商品安売りキャンペーン」などには反応しないのです。

だからこそ、まとめ買いすることもない代わりに、マイペースで長く付き合っていきたいと思っている傾向が強いのです。

したがって、流行客に比べて離脱率が低いのも「コツコツ客」の特徴です。離脱率が低いということは、すなわち、このまま「コツコツ」と買い続けてもらえれば、時間はかかりますが最終的に優良客になっていただける可能性が高いということです。ここからわかる通り、「コツコツ客」を増やすことは、あなたの会社にとって非常に重要です。

一般的に、「初回客」「よちよち客」は、商品のことをまだよく知らないものですが、「コツコツ客」「優良客」は、商品のことをよくわかった上で、さらに自分たちが買っている会社の姿勢が好き、スタッフが好きだから買い続けてくれます。

心を通わせたコミュニケーションをとることで、確実に自社の「ファン客」を増やしていくことができるのです。

〔図7〕顧客ポートフォリオマネジメント分析の詳細

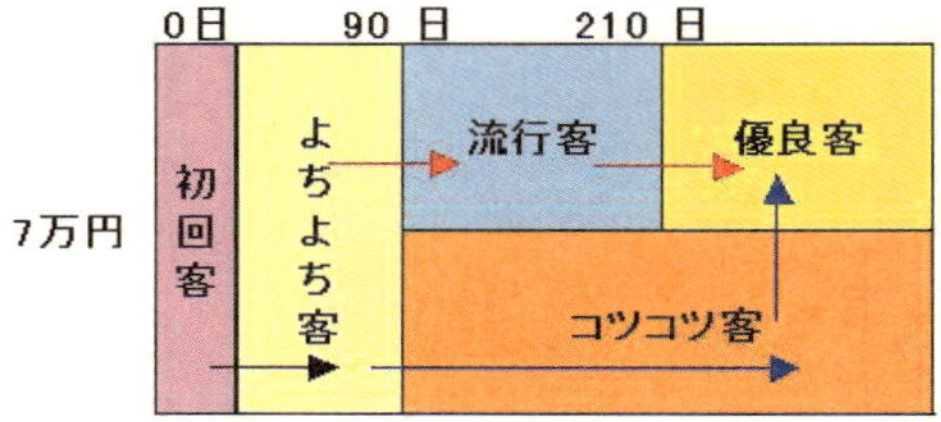

まず、すべての顧客は、初回客 ⇒ よちよち客 の道をたどる

ここから、2つのパターンに分かれる
① ——▶ よちよち客 ⇒ 流行客 ここから優良客に行く顧客は少ない
② ——▶ よちよち客 ⇒ コツコツ客 優良客の大半がここから上ってくる

「コツコツ客」こそ、自社にとって〝宝の山〟なのです。

「コツコツ客」を見落としていた欧米型マーケティング手法

あらためて図を見てみると、「コツコツ客」がいかに大事な顧客層であるかがわかると思います。（図7）

長期にわたってコツコツ買い続けることによって、顧客層全体を支える底辺的役割を持ちながら、なおかつ、商品のことを理解し、会社の姿勢も評価してくれるのです。

そんなお客様が「優良客」になってくれたら、企業としてこれほど心強いことはありません。

ところが、これまでのＲＦＭ分析を軸にした欧米型マーケティング手法では、「コツコツ客」へのアプローチはほとんど行われてきませんでした。

ＲＦＭ分析の特徴は、先ほども述べた通り、売上効率を重視してＲ・Ｆ・Ｍの得点が高い人を発見し、その人たちに集中したフォローを行うというものです。つまり、優良客をいかに探し当てるかがマーケティングのポイントになります。

さらに、この分析法にはコストに対する考え方も関係しています。顧客維持コストは、「費用」であるという考え方です。「費用」である以上は、できるだけ抑えないといけません。なので、費用効率のよい優良客のみを対象にするのは、ある意味当然のことです。

この手法は、ダイレクトマーケティング全盛時代には、たしかに有効な方法でした。いまから10年以上前は、新規のお客様がどんどん入ってきた（ＣＰＯの非常に低い）時代なので、すぐに買わないお客様にしがみつくより、新規のお客様をどうやってたくさん獲得するかに重点がおかれていたのです。

いまもその手法が主流であるため、「コツコツ客」のような地味なお客様は、結局フォローしないということになります。仮に１回はアプローチしても、それで結果が出ないとすぐにあきらめてしまう傾向にあります。

しかし、売上の上位客にアプローチを繰り返しているうちに、たとえば100人いたお客様は80人になり、60人になり、ついにはゼロに近づいていくのです。ということは、どこかの顧客層からお客様が流出しているわけです。どの顧客層かというと、購入金額は少ないけれど、コツコツ買っていたお客様の層だったのです。金額が低くRFM分析の結果にはあらわれないために、〝宝の山〟が見えていなかったのです。

ところが、売上が上がらないのは、「優良客の探し方が問題だ」、「担当者のセグメントが間違っていた」と考える企業が多いのが現状です。

顧客維持コストは「費用」ではなく「投資」と考える

それに対してCPM分析は、コミュニケーションのとれていないお客様を早く発見して、適切なコミュニケーションを図ろうという考え方。お客様に買っていただけないのは、自社のコミュニケーションのとり方に問題があるからだと考えます。

ですから、優良客の発見より、コミュニケーションがとれていないお客様をいかに早く探し出し、優良客に育てていくかがマーケティングのポイントになります。

また、CPM分析は、**顧客維持コストは「費用」ではなく「投資」である**という考え方に基づいています。これがRFM分析との大きな違いです。

これは「やずや」さんで実際にあった話ですが、8年もの間、何も買わなかったお客様にご案内を出し続けて、離脱客を現役客に戻したという実績があります。

たとえば、1年間に3万円買ってくれるお客様が離脱してしまったとします。月に1回、100円のDMを出し続けたとして、1年間でかかるコストは1200円。8年でも、たった9600円です。それでも、3万円の商品を買ってくれたなら、8年間フォローし続けても、「元は十分とれる」ということです。

普通の通販企業なら、最長でも2年間何も買わなければ、リストから外してしまう企業が多い中で、売上が上がらないのは企業側のコミュニケーションに問題があるのだから、8年かけても10年かけてもフォローしていこうという考え方が、「やずや」さんの基本姿勢にはあるのです。

以上からおわかりのように、CPM分析はRFM分析のように短期で売上を上げようという発想はありません。草花や野菜やお米のように、お客様を大事に育てていって、優良客になってから高い利益を上げていくという長期的な視点に立った考え方を持っています。優良客になるためには、少なくとも210日以上（約7ヶ月以上）の在籍期間が必要というのも、長期的なものの考え方があるからといえます。

また、お客様とのお付き合いの長さが、顧客のロイヤリティ（企業への信頼度）を計る指標になっている点も大事なポイントです。

たとえば、在籍期間が3ヶ月の人と1年の人がいるとすれば、当然1年間在籍しているお客様のほうが、商品のことも会社のこともよく知っているはずです。その商品や会社が好きだから1年間もお客様でい続けてくださるわけです。つまり、在籍期間が長いほど自社へのロイヤリティが高くなるということです。

言い換えれば、少しでも商品や会社のことをわかってもらえるように、長期的視点でコミュニケーションをとり続けてきたからこそ、長年にわたって愛顧してくださっているともいえるでしょう。

この2つの分析法を薬にたとえてみると、ＲＦＭ分析は、西洋医学の薬のような、特効薬に似ているのに対して、ＣＰＭ分析は漢方薬のようなものといえます。すぐには効かないかもしれませんが、ずっと飲み続けていれば健康状態を維持できるようになるのが特長です。

もう1つ、投資にたとえれば、ＲＦＭ分析は、値動きを見ながら激しく売り買いを繰り返し、短期間に利益を得るデイトレーダーのイメージであり、ＣＰＭ分析は定期預金のイメージを持っています。5年の定期を組んだら5年経つまでじっと我慢して、満期がきて初めて利益が出るようなものです。

しかも、ＣＰＭ分析はやり方さえ覚えてしまえば、誰でも簡単に実践することができます。お客様の状態にあったコミュニケーションをとることで、お客様との絆が深まり、確実に売上も上がるのです。

これまでの短期的な視点から成果に結びつけるＲＦＭ分析と、お客様との絆を大切に考える長期的な視点に立ったＣＰＭ分析の両方のメリットに着目して複眼的に顧客を分析し、顧客とのコミュニケーションをとっていけば、鬼に金棒なのです。

《リピート顧客倍増のためのキーワード①》

- 「新規客を増やす」ことより、「既存客を守る」ことのほうが、企業にとってはるかに重要である。

- より最近、より回数多く、よりお金を払ってくれるお客様をフォローすれば短期間に売上は伸ばせるが、そのやり方では既存客は育たない。

- 離脱しそうなお客様をいち早く発見し、コミュニケーションで良好な関係を築くことが、お客様の流出を防ぐ初歩的作業。

- お客様は、「初回客」→「よちよち客」→「コツコツ客」→「優良客」の4ステップで成長する。

- これまでの欧米型マーケティング手法では見落とされていた「コツコツ客」こそ、実は宝の山。

- キャッシュが回収できるのは「優良客」。そこに至るまでの顧客維持に関するコストは、「費用」ではなく「投資」と考えること。

第2章

顧客ポートフォリオで お客様の心をつかめ！

顧客ポートフォリオ明細票をつくる

この章では、みなさんに顧客ポートフォリオをフル活用していただくために、顧客ポートフォリオ・グラフのつくり方と見方の基本をお話していきます。

顧客ポートフォリオには5つの現役客の顧客層と、その後ろに隠れている同じく5つの離脱客がいるのは、第1章でお話した通りですが、まずは、基本データベースとして顧客ポートフォリオ明細票をつくる必要があります。自社のお客様がどの顧客層に何人くらいいるのか、見本を見ながら表のつくり方を覚えていきましょう。（図8）

たとえば、足立さんというお客様がいます。初回購入は2004年10月で、最終購入日は2007年1月（いずれも日付は月初の1日とします）。これまでの累計購入金額は8万円です。ここから、まず、在籍期間と離脱期間を算出します。

在籍期間は、最終購入日－初回購入日ですから、〔2007年1月（1日）－2004年10月（1日）＝27ヶ月＝810日〕。

離脱期間は、現在－最終購入日ですから、〔2007年1月（31日）－2007年1月（1日）＝30日〕になります。

〔図8〕CPM分析を活用する

顧客ポートフォリオ明細票（2007/01/31現在）

顧客No.	氏名	2004/10	2004/11	～	2006/10	2005/11	2006/12	2007/01	売上累計	初回購入日	最終購入日	在籍期間	離脱期間	顧客識別
K0001	足立 和代	3,000			4,000		5,000	6,000	80,000	2004/10	2007/01	810	30	優良現役
K0002	阿部 美由紀	3,000	4,000						86,000	2004/10	2005/10	360	480	優良離脱
K0003	池田 美津子	1,000	1,000		1,000	1,000	1,000		35,000	2004/10	2006/12	780	60	コツコツ現役
K0004	井上 清子	1,000	1,000						28,000	2004/10	2005/11	390	450	コツコツ離脱
K0005	川上 圭子				9,000				73,000	2006/05	2006/10	150	120	流行現役
K0006	河島 洋子	4,000	9,000						76,000	2004/10	2005/02	120	720	流行離脱
K0007	田中 みどり				6,000	2,000			8,000	2006/10	2006/11	30	90	よちよち現役
K0008	田上 静江	2,000	3,000						7,000	2004/10	2004/12	60	780	よちよち離脱
K0009	松島 静江				8,000				8,000	2006/10	2006/10	0	120	初回現役
K0010	三嶋 由里子		2,000						2,000	2004/11	2004/11	0	810	初回離脱

次に、この算出と売上累計を基に、各顧客層を当てはめていきます。足立さんは、売上累計が７万円を超えていますから、「流行客」か「優良客」であることは間違いありません。そして、離脱期間は30日であることから、「流行現役客」もしくは「優良現役客」であり、在籍期間が２１０日を超えていることから、「優良現役客」であることがわかります。

同じように阿部さんを見てみると、売上累計が８万６０００円で、在籍期間が３６０日、離脱期間が離脱基準の２４０日を超えた４５０日であることから、「優良離脱客」だということがわかります。

同じ要領で、１０００人の顧客リストを持

〔図9〕CPM分析を活用する

顧客ポートフォリオ集計表（2006/10/31現在）

ランク	期間（月数）	金額（円）	人数（人）
優良現役	21.8	123,658	72
優良離脱	19.8	120,563	40
コツコツ現役	16.5	62,365	45
コツコツ離脱	15.8	55,256	33
流行現役	6.1	82,562	68
流行離脱	5.9	75,685	110
よちよち現役	2.3	59,203	88
よちよち離脱	2.6	61,866	102
初回現役	0.0	21,301	160
初回離脱	0.0	16,915	175

っていれば、1000人全員がどの顧客層にいるかを見ていきます。

顧客ポートフォリオ集計表をつくる

次に必要なのは、顧客ポートフォリオ集計表です。先ほどの顧客ポートフォリオ明細票の数字を集計して、表をつくります。（図9）

ここでは、各顧客層の「合計人数」と、総合計在籍期間を人数で割った「平均在籍期間（月数表示）」および、総合計売上金額を人数で割った「平均購買金額」を算出していきます。

これをグラフ化したのが、この図です。（図10）

縦軸は収益性（平均購買金額）、横軸は継続性

〔図10〕CPM分析を活用する

顧客ポートフォリオをグラフで表してみよう

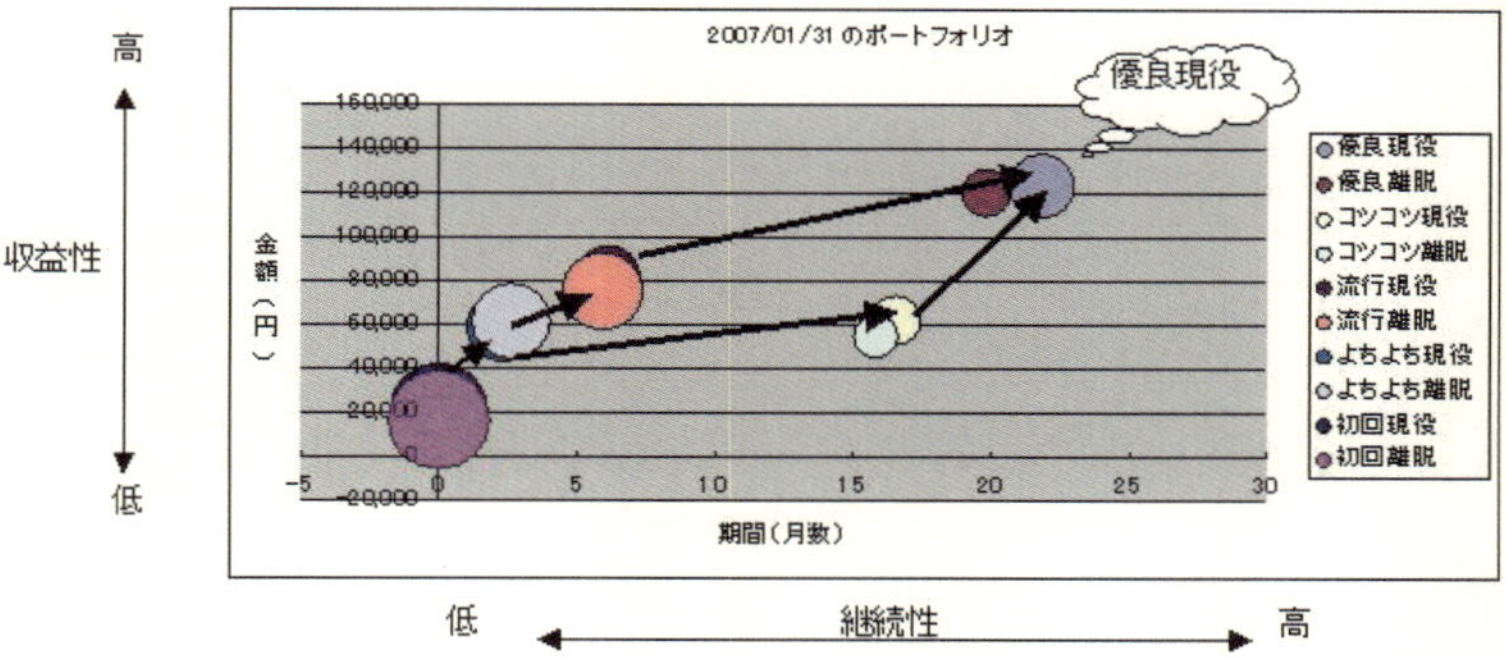

（平均在籍期間）、円の大きさは、その顧客層にいる人数をそれぞれ表しています。

たとえば優良現役客は青い円で、この直径が人数（この場合は72人）を表します。人数が100人になれば、円の直径はもっと大きくふくらみ、反対に、50人になったら円が小さくなります。

表の見方としては、円が大きく、より右側（継続性が高い）にあり、より上のほう（収益性が高い）にある円ほど、ロイヤリティの高い顧客層であるということがわかります。また離脱客は円が小さいほど離脱しているお客様が少ないことを表すので会社はいい状態であるといえます。

そしてこの図こそ、現在の「**お客様から見た**

〔図11－1〕2006年7月のポートフォリオ

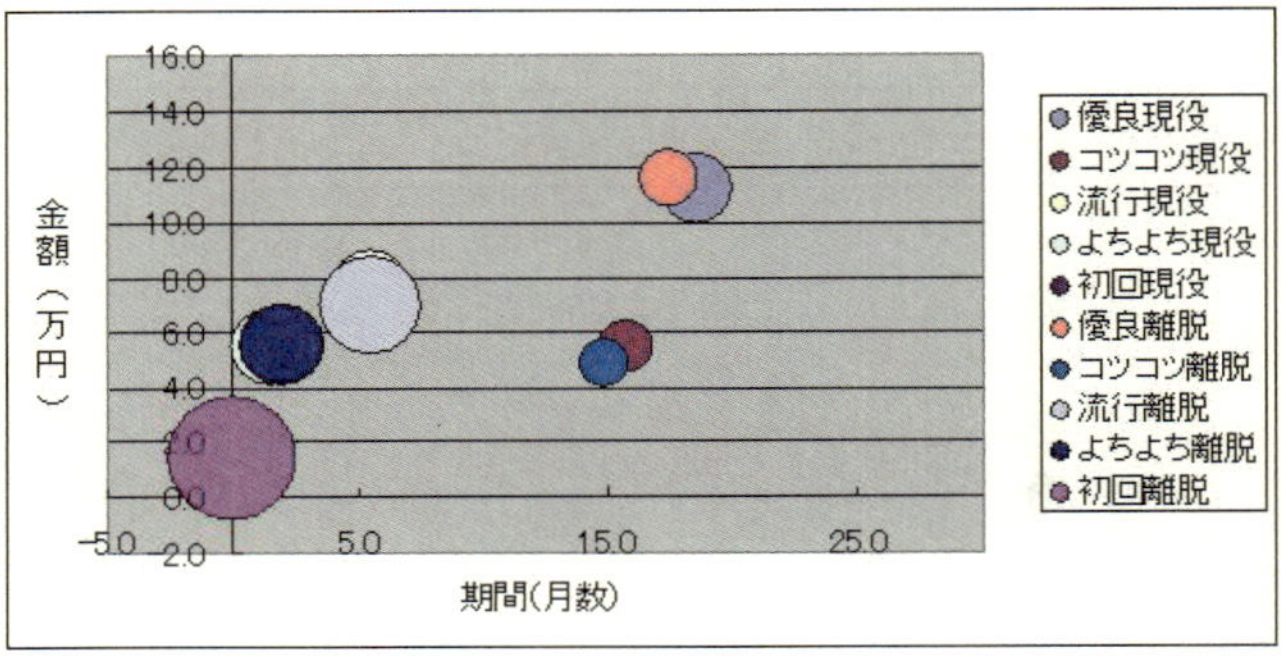

自社の姿」です。

ただし、この顧客ポートフォリオは、2007年1月という瞬間的なCPMの状態を見ているに過ぎません。今日撮った「レントゲン」はこうだったというだけのことです。現時点でいいとか、だめとか決めてしまうのはあまり意味がありません。

問題は「毎月の変化の仕方」です。いかにしてここから、コミュニケーションという漢方薬を処方して、フォローの優先順位やフォローツールを見直し、実践していくか、そこがポイントなのです。そして、その結果を毎月、顧客ポートフォリオ集計表に記し、それをまたグラフに落とし込んでいきます。（図11）

〔図11－2〕2006年8月のポートフォリオ

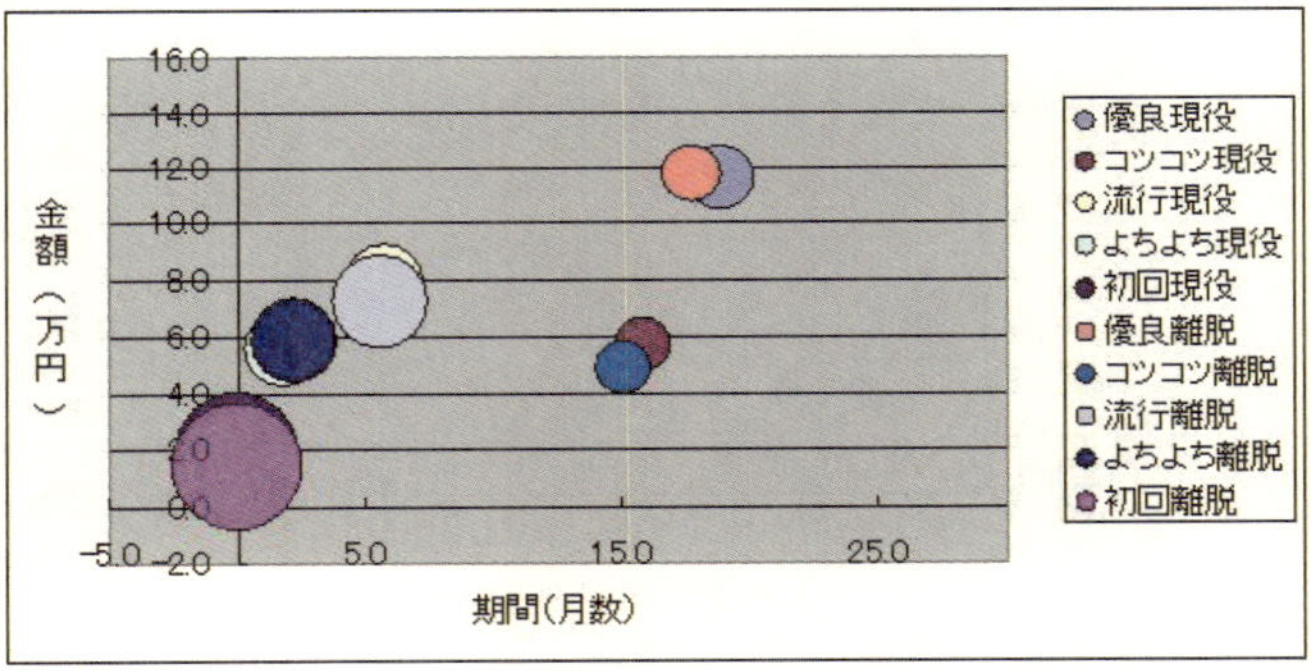

〔図11－3〕2006年9月のポートフォリオ

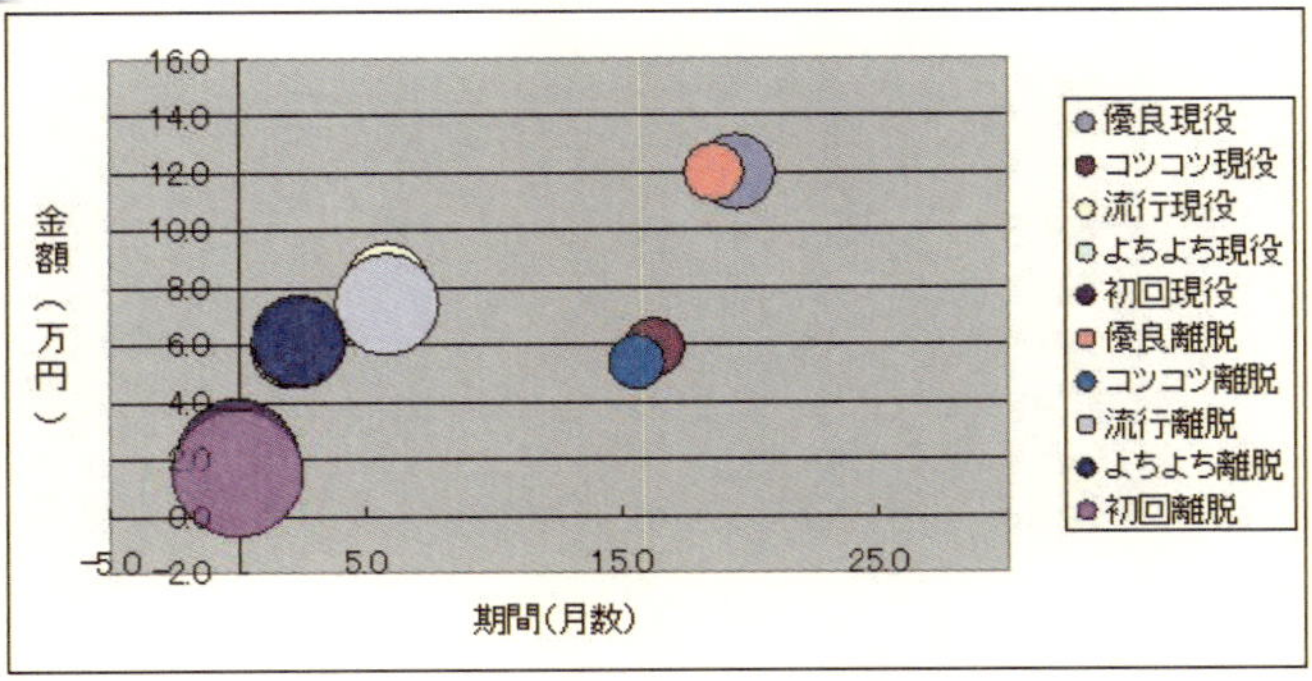

〔図11－4〕2006年10月のポートフォリオ

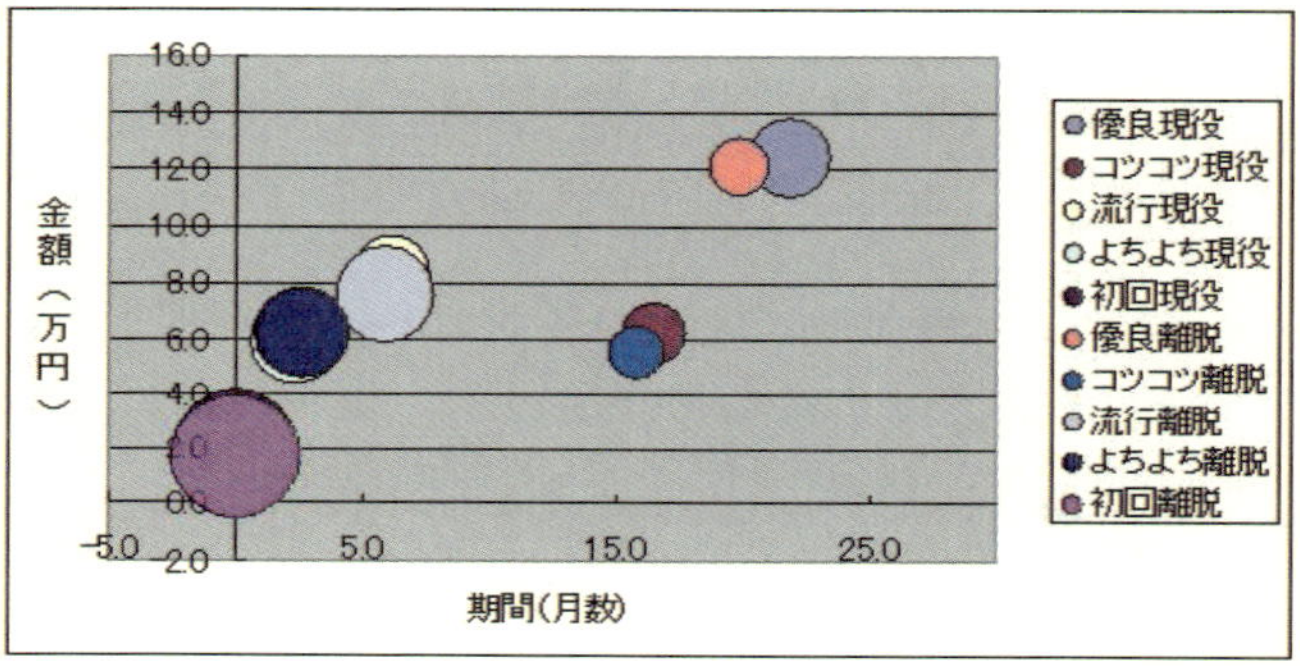

〔図11－5〕2006年11月のポートフォリオ

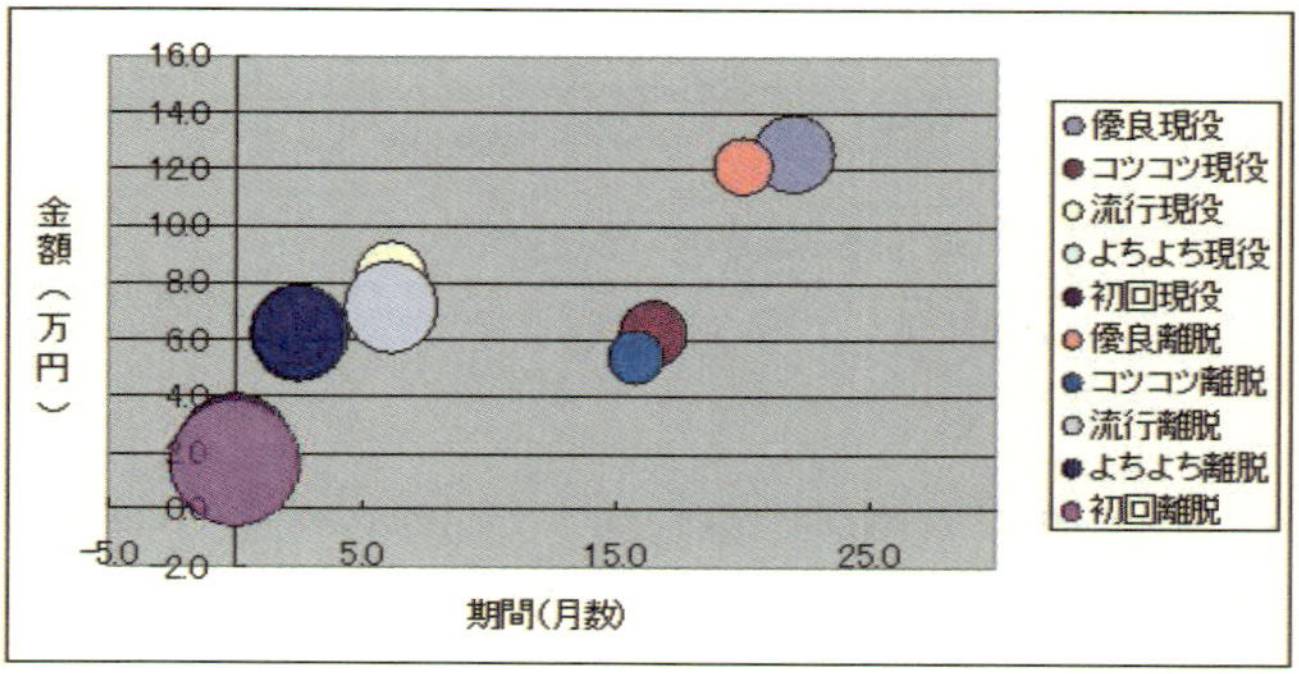

〔図11－6〕2006年12月のポートフォリオ

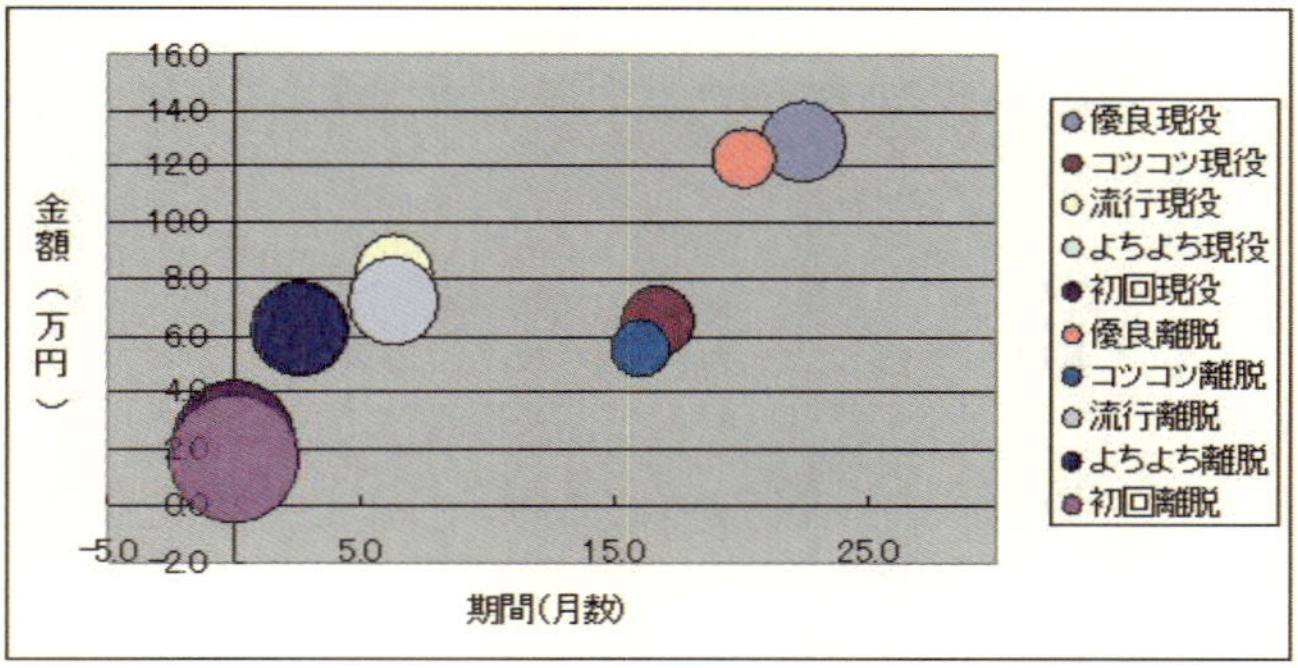

〔図11－7〕2007年1月のポートフォリオ

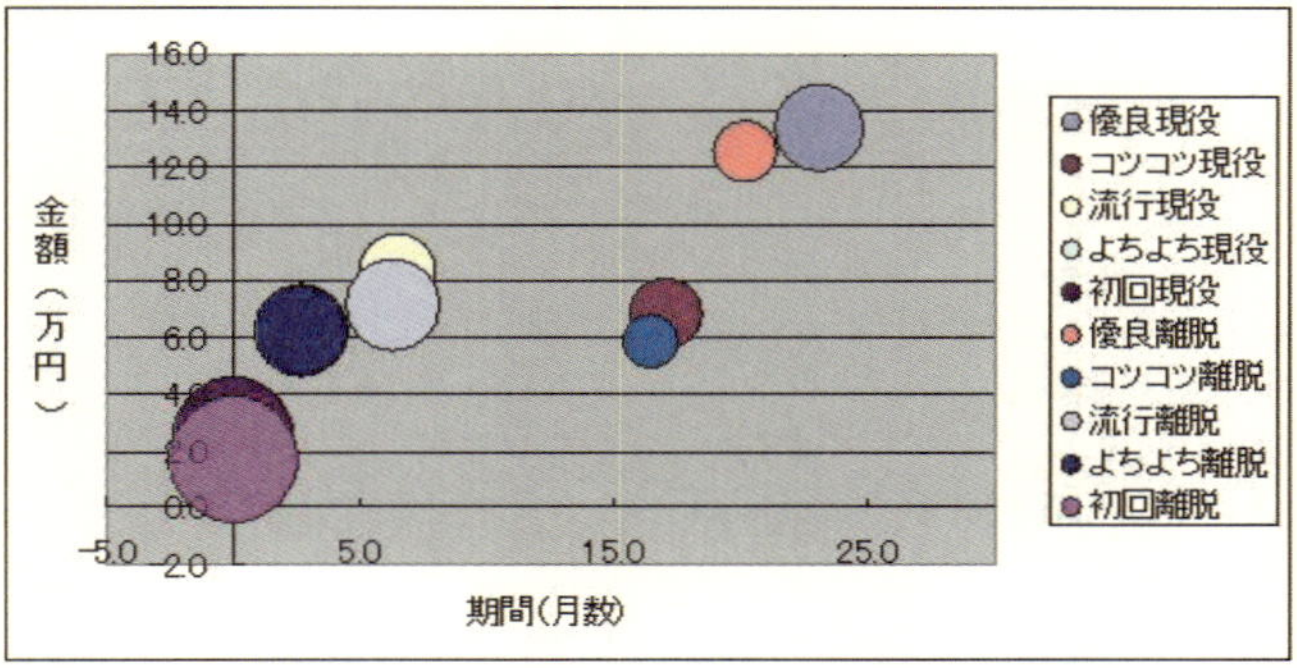

だいたい6～7ヶ月くらい続けてみると、「お客様から見た自社の姿」がどのように変化していったかがわかります。定期健診で毎月レントゲンを撮り、連続した6枚のレントゲン写真をスライドのように見ていくことによって、自社の健康状態がひと目でわかるようになるのです。

円の直径がだんだん大きくなって、右上のほうに動いていけば、自社の健康状態はいいほうに向かっているということですし、また離脱客の円は、直径がだんだん小さくなっていれば悪いところが改善してきているということです。すなわち、離脱客が少しずつ現役客に戻ってきていることを表します。

この7ヶ月分の顧客数の変化を表にしたのが、顧客推移表です。(図12)

中央の太い線を境に、上の5つが現役客、下の5つが離脱客に分かれています。そして、当然のことながら、上の現役客が増えて、下の離脱客が減っていくというのが理想形となります。

あらためて表を見るとよくわかりますが、半年間のトータルでお客様は157人増えていますが、その中でも6ヶ月前は58人しかいなかった「優良現役客」が95人と37人増えました。また「コツコツ現役客」も6ヶ月前の35人から66人になり、31人増えました。「優

〔図12〕CPM分析を活用する

顧客推移表（2007/01/31現在）

顧客層	2006/07	2006/08	2006/09	2006/10	2006/11	2006/12	2007/01	増減	増減率
優良現役	58	56	64	72	80	88	95	37	63.8%
コツコツ現役	35	38	42	45	55	62	66	31	88.6%
流行現役	68	71	74	68	65	70	75	7	10.3%
よちよち現役	75	72	70	88	80	78	80	5	6.7%
初回現役	140	165	158	160	162	170	168	28	20.0%
優良離脱	43	45	42	40	45	50	48	5	11.6%
コツコツ離脱	30	35	36	33	38	42	40	10	33.3%
流行離脱	118	105	112	110	108	98	110	-8	-6.8%
よちよち離脱	80	88	99	102	110	112	108	28	35.0%
初回離脱	178	185	175	175	188	192	192	14	7.9%
計	825	860	872	893	931	962	982	157	19.0%

良現役客」、「コツコツ現役客」ということは、自社にとって重要なお客様が増えたということは、実に素晴らしい成果だといえるでしょう。半年の間で「優良現役客」や「コツコツ現役客」を増やす対策を行い、しかもその方向性が間違っていなかったことがわかります。

それから、この表を見ると、流行離脱客がマイナス8と減っていることがわかります。離脱顧客が戻ってきたということは、お客様との絆をあらたに結ぶことができたということです。ここからも、この会社が着実にいい方向へ推移していることが見てとれます。

〔図13〕CPM分析を活用する

2006/12/31 現在　顧客数：860

ランク	平均の在籍期間(月数)	平均の累計金額(円)	人数(人)
優良現役	20.9	116,593	56
コツコツ現役	8.2	58,263	38
流行現役	6.2	82,562	71
よちよち現役	2.1	59,203	72
初回現役	0.0	21,301	165
			402

ランク	平均の在籍期間(月数)	平均の累計金額(円)	人数(人)
優良離脱	11.7	126,159	45
コツコツ離脱	7.5	49,587	35
流行離脱	5.8	75,685	105
よちよち離脱	2.8	61,866	88
初回離脱	0.0	16,915	185
			458

1枚のレントゲンから意思決定を下す

ここで、ある会社の顧客ポートフォリオ集計表を使って、施策を試みた1ヶ月後の数字の推移から、この会社が1ヶ月の間に何を行ったのか、検証していきます。

まずは、基本となる集計表を見てください。（図13）

2006年12月31日現在、この会社の顧客数は860人。現役客は402人で、そのうち「優良現役客」は56人、「コツコツ現役客」は38人、「流行現役客」71人、「よちよち現役客」72人、「初回現役客」は165人います。

離脱客は458人で、内訳はそれぞれ、「優良離脱客」45人、「コツコツ離脱客」35人、「流行離脱客」１０５人、「よちよち離脱客」88人、「初回離脱客」１８５人となっています。

現時点の全体的な印象としては、この会社は、もともとキャンペーンに力を入れている会社ではないかと思われます。

その理由として、①「コツコツ現役客」よりも「流行現役客」が多いこと、②「流行離脱客」が多いこと、③「優良離脱客」が多いことは、会社の姿勢に対するお客様の理解が足りないことを示しており、キャンペーンに力を入れる他社にお客様が移ってしまった可能性があること、などが挙げられます。

次に、〔例1〕を見てください。（図14）

これが1ヶ月後の会社の姿です。最も特徴的なのは、「優良現役客」が16人増えて72人に、「コツコツ現役客」が7人増えて45人になったことでしょう。離脱客も、「優良離脱客」「コツコツ離脱客」ともに減っています。もうひとつの特徴は、初回現役客が1ヶ月前に比べてマイナス（5人減）になっている点です。

ここから何がわかるかというと、①この1ヶ月間、「優良離脱客」と「コツコツ離脱客」

［図14］CPM分析を活用する

2007/01/31 現在（例1）　　顧客数:　893

ランク	平均の在籍期間（月数）	平均の累計金額（円）	人数（人）	増減（人）
優良現役	21.8	123,658	72	16
コツコツ現役	16.5	62,365	45	7
流行現役	6.1	82,562	68	-3
よちよち現役	2.3	59,203	88	16
初回現役	0.0	21,301	160	-5
			433	31

ランク	平均の在籍期間（月数）	平均の累計金額（円）	人数（人）	増減（人）
優良離脱	19.8	120,563	40	-5
コツコツ離脱	15.8	55,256	33	-2
流行離脱	5.9	75,685	110	5
よちよち離脱	2.6	61,866	102	14
初回離脱	0.0	16,915	175	-10
			460	2

のフォローをしっかり行った　②しかし、新規客を獲得する策は何も打たなかった、ということがわかります。

つまり、この会社では、新規客を増やすかわりに、安定して利益を生み出してくれる「優良客」と、その予備軍である「コツコツ客」のフォローに力を注いだ結果、離脱客が現役客に復帰したということでしょう。

では、もうひとつの例〈例2〉を見てみましょう。（図15）

この表の大きな特徴は、「優良現役客」「コツコツ現役客」ともに6人減っており、「優良離脱客」が8人、「コツコツ離脱客」が3人増えています。一方で「初回現役客」はどうか

〔図15〕CPM分析を活用する

2007/01/31 現在(例2)　　顧客数: 893

ランク	平均の在籍期間(月数)	平均の累計金額(円)	人数(人)	増減(人)
優良現役	19.8	105,687	50	-6
コツコツ現役	14.8	56,238	32	-6
流行現役	6.5	83,256	82	11
よちよち現役	2.6	56,235	75	3
初回現役	0.0	22,365	215	50
			454	52

ランク	平均の在籍期間(月数)	平均の累計金額(円)	人数(人)	増減(人)
優良離脱	18.8	128,256	53	8
コツコツ離脱	15.4	50,126	38	3
流行離脱	5.9	74,126	88	-17
よちよち離脱	2.6	60,126	92	4
初回離脱	0.0	17,562	168	-17
			439	-19

というと、こちらは一気に50人も増えて215人になっています。

この推移からわかることは、①この1ヶ月間に、新規客（初回現役客）を獲得する集客に力を入れた　②しかし、「優良客」や「コツコツ客」へのフォローはしなかった、ということですね。

〔例1〕〔例2〕を見比べてみると、会社の方針、施策によって、まったく別の結果が生まれることがよくわかると思います。

言い換えれば、どの顧客層のお客様を増やそうと考えるかで、その1ヶ月間に何をするかが決まってくるということです。

これまで、あなたの会社では、「顧客の心理状態がよくわからない」「思うように売上が上がらない」という声があったかもしれません。しかし、この仕組みが理解できると、お客様の心理状態を考えながらコミュニケーションをとることは可能だということがわかります。

そうなれば、がぜんダイレクト・マーケティングの面白さも増してくるはずです。

コミュニケーションで「離脱客」を呼び戻せ

では、各顧客層のお客様に対して、どんなフォローをしていけばいいのでしょうか。

冒頭で、「離脱してしまったお客様を早く見つけ出して、現役客に復帰をしていただく」のが、ＣＰＭの大きな特長の１つだと述べましたが、ここでは、その具体的な方法についてお話していきます。

まず、離脱してしまったお客様を早く見つけ出す方法ですが、これは先ほどの「顧客ポートフォリオ明細票」で確認すれば簡単に見つけることができます。

離脱期間が長いほど戻ってくる確率は低くなりますから、なるべく離脱期間が短いうちにフォローしていくことが大事なポイントです。

フォローの仕方は大きく2つに分かれます。

1つは「初回離脱客」および「よちよち離脱客」向け。2つ目は、「コツコツ離脱客」および「優良離脱客」向けです。

「初回離脱客」「よちよち離脱客」に対しては、「商品情報を与える」ことが最大のポイントになります。

商品を1度買ったきりで離脱してしまったお客様や、2回か3回買っただけでそのまま離脱してしまったというお客様は、商品をたくさん買っていません。ということは、商品のことをあまりよく知らないということです。

仮に健康食品であれば、正しい食べ方や飲み方がわかっていないために効果を実感できず、離脱している可能性があります。したがって、この層のお客様に対しては、商品の正しい食べ方、飲み方のアドバイスをもっとていねいに伝えていく必要があるわけです。

つまり、この段階では、商品情報を伝えることによって「お客様を育てる」ことが、とても重要になってきます。

一方、「コツコツ離脱客」「優良離脱客」へのフォローは、「会社情報を与える」ことが

ポイントになります。

特に、「コツコツ離脱客」は、しっかりフォローすることで「優良現役客」になりやすい性質を持っています。

この層のお客様は、自社から何回も商品を買い、すでに商品やサービスのことを十分理解しているお客様です。それなのに離脱してしまったということは、その会社の考え方やスタッフの対応に何らかの不満があったということが考えられます。あるいは、会社の方針や生産者の想いといった、会社に関する情報が不足していたために離脱している可能性があります。

そうであるなら、伝えるべきは商品情報ではなく、会社情報です。自社の目指す方向性や商品へのこだわり、生産者・スタッフの声や顔、工場の様子や安全性を高める取り組み状況、お客様への想いなど、会社のありのままの姿を真摯に伝えていくことが大切です。

「優良客」は特別感を求めている

顧客層を大きく2つに分けてフォローすることが、離脱客を呼び戻すために効果的であることを述べましたが、もし可能であれば、さらに「優良離脱客」と「コツコツ離脱客」の対応を分けてみることをお勧めします。

会社の姿勢や商品のことは理解してくれている「優良離脱客」が離脱する要因としては、次のようなことが考えられます。

・期待を裏切られた
・商品に飽きてしまった
・安全性への不安が出てきた（食品や化粧品などの場合）
・永く付き合うメリットを感じなくなった

では、これらの離脱要因を取り除く情報提供とは何でしょうか。具体的なものとしては、

①自社が持っているほかの商品のよさを案内する
②生産者や工場を訪問・取材し、生産者のご苦労や、工場での安全性をお知らせする
③自社の対応について反省し、新しい道を歩み始めたことをお知らせする（おわび文）
④ほかの顧客層のお客様とは差別化したオファー情報やサービスを提供する（商品のミニ

チュアをつくる、イベントにお誘いする、など）

などが挙げられます。

①と②は、「コツコツ離脱客」にも通じるフォローですが、③と④は、「優良離脱客」特有のアプローチになります。

たとえば、「やずや」さんでは、1年に1度、有名人（タレント、歌手、芸人など）が出演するイベントを開催し、数十万いる顧客のうち数千人の「ゴールド優良客」だけを招待していますが、この特別感が心の琴線に触れ、企業とお客様の心が通じ合うきっかけになっています。

そこではもちろん、お客様に不満足感を残さない現場対応が必要ですが、ことあるごとに徹底的な差別化を行うことが望ましいといえます。

なぜかというと、「優良客」が「ケアされていない」と感じると、顧客全体として年間の平均購買回数が大きく下がる傾向があるのです。もしそうなれば、いくらキャンペーンを打っても損失分を補うことはできません。

非常に大事なお客様が離脱する可能性を防ぐためにも、「優良離脱客」だけでなく、「優良現役客」にも、普段から特別なフォローをすべきでしょう。

「クロスセリング」のタイミングを見逃すな

「優良客」「コツコツ客」の顧客層への、もうひとつのアプローチの仕方が「クロスセリング」です。

「クロスセリング」とは、買ってくれた商品に関連する別の商品や、組み合わせ商品などを勧めることで、１人当たりの単価の向上を目指すアプローチのことです。

身近な例でいうと、ハンバーガーショップでハンバーガーを頼むと「ポテトもいかがですか？」と勧められるのが「クロスセリング」です。

これと同様に、本屋さんなら同じテーマ性の本を勧める、パソコンショップなら、ＰＣを購入したお客様にプリンタを勧めるといった具合です。

ＣＰＭでは、「コツコツ客」の顧客層に在籍しているこの時期を、「クロスセリング・タイミング」と呼んでおり、積極的なクロスセリングを推奨しています。このタイミングで「クロスセリング」を行うことで、いままでよりも短い期間で、購入金額がグッと上がり、

7万円のバーを超えて「優良客」になるのです。

在籍期間が90日以上あると、お客様と企業の間にある程度の信頼関係ができています。商品のこともわかり、コミュニケーションもしっかりとれているというタイミングで、違う商品を案内するというのが、「コツコツ客」を「優良客」に育てる黄金パターンなのです。

読者の皆さんも、**『クロスセリングするタイミングは、コツコツから』**と覚えてください。90日を超えて「コツコツ客」になったら、クロスセリング情報をどんどん流すべきなのです。

反対に、「初回客」の段階では「クロスセリング」してはいけないというのも、また、逆の黄金法則になります。

お互いの信頼関係ができていない段階で、違う商品のことを案内してしまうと、「バイヤーズリモース」といって、お客様に「購入後の後悔」が起こりやすいのです。この後悔を生じさせないためにも、まず商品のことをわかってもらうことに重点をおく必要があります。

「流行客」のお客様に関しては、ＣＰＭでは基本的にフォローの優先度は低いものの、すでに「コツコツ客」へのフォローが会社として仕組化されており、ほかのフォロー作業

〔図16〕CPM分析を活用する

反応率

優良現役：20%	優良離脱：10%
コツコツ現役：10%	コツコツ離脱：5%
よちよち現役：5%	よちよち離脱：2.5%
初回現役：1%	初回離脱：0.2%

⇒　初回離脱客を戻すのは非常に難しい

だから、「初回現役客」を「よちよち現役客」にするのが非常に重要となる

ができる余裕がある場合には、「クロスセリング」してみるのもいいでしょう。

アプローチの優先順位を間違えてはいけない

では、どれくらいの人がアプローチに応え、商品・サービスを購入してくれるのか、気になる「反応率」の目安をみてみましょう。

ここに並べた数字は、各顧客層の人たちに商品案内や新商品情報を伝えたときに、「商品を買ってくれる率の目安」です。(図16)

たとえば、「優良現役20%」とありますが、これは「優良現役客」１００人に商品案内を出したところ、１回の案内につき、平均して

20人が買ってくれるということです。同じように「優良離脱10％」は、100人中、平均10人が買ってくれるということ。「反応率」は、優良現役のちょうど半分です。

数字として面白いのは、各現役客の反応率の半分（初回客は除く）が、各離脱客の反応率となっていることでしょう。

それから、「コツコツ現役客」と「優良離脱客」が、「同じ反応率」であることも注目です。つまり、「コツコツ現役客」と同じ「反応率」で、「優良離脱客」が〝現役に復帰する〟ということを見逃してはいけません。

そして、ここが大きなポイントなのですが、**「優良離脱客」が「現役復帰」した場合には、再び「優良現役客」の行動に戻る可能性が高い**ことがわかっています。

マーケティング・サイエンス研究所の江尻弘先生によると、「消費者は、過去とってきた行動と同じような行動を、今後もとり続けがちである」と言います。過去にたくさん買ってくれていたお客様は、たとえ何年間か離れていても、再び戻ってきたときには、以前と同じようにたくさん買ってくれる可能性が高いのです。

それがわかると、たとえ8年間かけたとしても「やずや」さんが「優良離脱客」にアプローチし続けることの意味が理解できます。つまりほかの顧客層よりも「優良離脱客」は、これから、たくさん買ってくださる可能性が1番高い大切なお客様なのです。

さらにいえば、実は「優良現役客」は、ほかの現役客に比べて、繰り返しアプローチせずとも離脱率が低いことがわかっています。また「反応率」もそれほど変わらないこともわかっています。

自社にとって〝宝の山〟である「コツコツ客」を、「優良客」に育てることが大切なのはもちろんですが、最優先順位としては、やはり「優良離脱客」を選択したほうがいいでしょう。

「初回客」を離脱させない育て技

もう1つのポイントは、「初回客」の「反応率」です。

ほかの顧客層に比べて、「初回客」の反応は非常に悪いことがわかります。現役客でも1%、離脱客になると、その5分の1の0・2%まで反応率が下がります。

「初回客」100人にアプローチしても、1人しか売上に結びつきません。離脱客に至っては、1000人に出しても2人しか買ってくれません。「初回離脱客」にいくらアプローチしても、自社に戻ってくれる可能性がほとんどないということです。

言い換えれば、「初回客」を離脱させてはいけないということです。だからこそ「初回客」を「よちよち客」に育てることが非常に重要だということがわかります。

もしこれができなければ、CPMは成り立ちません。なぜなら、「初回客」がそのまま「初回離脱客」になってしまったら、「コツコツ客」「優良客」は永遠に生まれません。つまり、すべては「絵に描いた餅」になってしまうのです。それだけ、「初回客」を「よちよち客」に育てるフォローが重要になります。

もう1つ重要なポイントは「自社と末永く付き合ってくれそうな（気の合う）お客様を探す」ことです。人間関係と同様に会社とお客様の間には「相性」があります。できるだけ同じ価値観のお客様を探すことで「初回離脱」を防ぐことができるでしょう。

では、どういうやり方で「初回客」を「よちよち客」に育てていくのか。

ここでちょっと説明しましょう。

まず、自社のお客様になってくれたら、2週間に1回の割合でハガキを出します。

最初は、お礼状を出します。ここでは売り込みは一切してはいけません。心からのお礼の気持ちを表現することを心がけてください。特に「手書き」のお礼状を出すのがベストです。もし難しい場合には、「手書きのお礼状を印刷したもの」を出しましょう。2回目以降は、お客様が『本当に買ってよかった！』と思っていただけるような「具体的な商品情報」をお届けしましょう。これは、お客様の「購買後の評価」を維持するためです。売り手側は「買ってくれた」という事実だけで、「お客様は喜んでいる」と思っていますが、実際には、購入後、急速に商品・サービスの評価は落ちています。

この「購買後の評価」を維持するために、たとえば健康食品なら「食べ方／飲み方」、「よくある質問」、「体験談」、「成分」について2週間に1回のペースでお送りします。これを最低3ヶ月間（6回）続けましょう。

たとえば、健康食品の企業なら、こんな具合です。

〔6回のアプローチ参考例〕

1回目　「お礼」のハガキ

2回目「食べ方」について
3回目「よくある質問」について
4回目「体験談」について
5回目「成分」について
6回目「続ける理由」について

さらに、新規のお客様には、右記のハガキには書ききれなかった商品情報やスタッフ紹介などの会社情報を1ヶ月ごとに、封書でお送りしましょう。こうすることで、商品や会社に対する不安感を解消することができるでしょう。

「お礼」のハガキは普通のハガキですが、「食べ方」以降のハガキは往復ハガキにして、リピート注文できるようにします。封書で詳しい商品情報をお届けする場合も、必ずハガキを添付します。また、3ヶ月後に季刊誌もしくはニュースレターを送り、最終的に、90日間で合計10回のアフターフォローをしていきます。（図17）

10回という数字だけを見ると、「そんなにやる必要がどこにあるの？」「手間がかかりすぎる」と思うかもしれません。

［図17］「初回客」へのフォロー

① 2週間に1度、ハガキを出す（3ヶ月間で6回送る）
② 1ヶ月に1度、封書を出す（3ヶ月間で3回送る）
③ 3ヶ月後に、季刊誌またはニュースレターを送る

※新規客になってから90日の間に
合計で、10回のアプローチを行う

しかしこれは、「やずや」さんで実際に行われているアフターフォローです。この方法で、「やずや」さんは、「初回客」から「よちよち客」に進む率が「初回客」全体の60%を超えるという、驚異的な推移率を達成しているのです。

コミュニケーションの基本は、できるだけたくさん接触することです。この繰り返しの中で、想定外の感動があれば、そのお客様は、商品のことを理解し好きになってくれます。そして、いずれは「自社のファン」になってくれます。

ですが、最初から、「優良客にしなければ！」と意気込むことはありません。それよりむしろ、「このお客様と気持ちのいいお付き合いをしよう」という姿勢が大切です。

なぜ、そこまで既存客をフォローするのか

「なぜ、既存客のフォローを徹底的に行う必要があるのか?」という問いの答えは、先ほどの「人間は無意識に、過去にとった行動をとりがちである」という話に行き着きます。

CPMでいえば、「優良客」なら「優良客パターン」、「コツコツ客」は「コツコツ客パターン」といった「決まったパターン」を、お客様は繰り返す傾向にあるのです。

この購買行動の傾向を分析し、購買に結びつけている例として、アマゾンの「この商品を買った人はこんな商品も買っています」でおなじみのレコメンド機能がありますが、ここで注目したいのは、商品の好みだけでなく、「購買単価」や「購買の頻度」も、同じパターンを繰り返す傾向にあるということです。

だからこそ、離脱客は、「優良客」→「コツコツ客」→「よちよち客」と、優先順位をつけて、徹底的にフォローすることが重要なのです。

と同時に、「初回客」は、少なくとも「最初から順番に購買プロセスを上がっていく」必要があるため、フォローコストをしっかりかけなければ、「よちよち客」→「コツコツ客」→「優良客」へと育っていきません。

「初回客」は、生涯で1度きり。だからこそ、「初回客」へのフォローはシステム化し、日付がきたら自動的にフォローするような仕組みをつくることも大切です。

ついつい「買わなくなったお客様」を無視して、新規客を探しに行きたくなりますが、離脱客が多い会社は、そこをぐっとこらえて離脱客を戻すのに力を注ぐことが、大切なポイントなのです。

顧客ポートフォリオはお客様から見た自社の成績表

冒頭にお話しした通り、ＣＰＭの3大目的は、

①あなたの会社に継続的な利益をもたらしてくれる顧客層を知ること
②お客様の層に応じて適切なアプローチをすること
③あなたの会社から離れてしまったお客様を再び呼び戻すこと

というものでした。ここまで読んで、読者の皆さんもその意味するところや答えがはっきり理解できたのではないでしょうか。

ＣＰＭの目的①の顧客層は、もちろん「優良客」です。売上の80％は全顧客の20％によ

るものであるとする「80：20の法則」がありますが、CPMでは、この「売上の80％」をつくってくれる全顧客の20％を「優良現役客」にすることを1つの目標にしています。つまり、20％の「優良現役客」によって80％の〝売上〟をもたらす構造が、もっとも経営が安定した状態なのです。

また逆説的にいえば「優良現役客」が全顧客の20％未満であれば、まだ経営は安定していないことを意味しています。そこで、最優先順位として、1人でも多くの「優良離脱客」を「優良現役客」に戻し、「優良現役客」が常に20％を保つように図ることが大切になります。

以下、反応率のよい順に、フォロー優先順位の2番は「コツコツ現役客」を「優良現役客」に上げること。3番は「コツコツ離脱客」を「コツコツ現役客」に戻すことです。

CPMの目的②〈お客様の層に応じて適切なアプローチをすること〉では、いくつかのポイントがありました。

もう一度ここでおさらいしておくと、大きくは次の4つが挙げられます。

①フォローの仕方を「初回客」「よちよち客」と「コツコツ客」「優良客」の2つに分け、

前者には商品情報を、後者には会社情報を提供する
②「初回現役客」には〝ルール〟として計10回のフォローを行う
③クロスセリングの対象は、「コツコツ客」以降の顧客層に限定する
④「優良客」には、売り込みばかりでなく〝特別感〟を提供する

「初回客」「よちよち客」は、投資でいえばまだまだ元本割れの状態です。当初の獲得コストを回収して〝定期預金〟が組めるようになるまで、辛抱して待つことが大切です。「コツコツ客」は、その〝定期預金〟のようなもの。やっと元本を取り戻し、トントンになったというイメージです。ここでじっくり満期（「優良客」）になるのを待って、利益を生み出してもらえばいいのです。

そして何より重要なのは、〝あなたの会社のファン〟になってくれるまで繰り返しコミュニケーションをとることです。何度もアプローチすると「相手に嫌がられる」と思うのは間違いです。お客様が望んでいる整理された情報やサービス、あるいはサプライズを届けることができれば、コミュニケーションをとればとるほど、お客様との距離は近づきます。

その結果として、ＣＰＭの目的③〔あなたの会社から離れてしまったお客様を再び呼び戻すこと〕がもたらされるのです。

顧客ポートフォリオをつくり、毎月更新することで、自社がどういうお客様で成り立っているかがわかり、その円の大きさや位置の変化といった推移から、自社が何をすべきかがわかります。

ただし、１つ忘れてはいけないことがあります。この表は、あくまでも、**「お客様から見た自社の姿」であって、「自社から見たお客様の姿」ではありません。**

円の大きさや位置は、そのときのお客様の心模様を表しているのです。「現役」の円が大きくなって右上に上がっていけば、お客様は自社の姿勢や商品に満足していただいているということです。反対に、「離脱」の円が大きくなっている場合には、自社のやり方や商品に何らかの不満が出ています。

つまり、私たちは、毎月お客様の評価を受け、成績表をいただいているのと同じことなのです。成績表ですから、どこがよくなって、どこが悪くなったかはすぐわかります。わかったら、悪いところを改善し、成績を上げるように努力すればいいだけです。

そして、そのために必要なのは、①顧客データ（基本的な顧客情報）と、②売上データ

を実行することができるのです。だけ。「**誰が？**」「**いつ？**」「**いくら買ってくれたか？**」。**これさえわかれば、すぐにＣＰＭ**

未来の自社の姿は、現在の積み重ねによってつくられていきます。いま、この瞬間、お客様に投げかけたものが、将来返ってくるとしたら、あなたのとるべき行動は？もうおわかりですね。

次の章では、いくつかのケーススタディから、ＣＰＭをもう少し深く掘り下げていくことにしましょう。

《リピート顧客倍増のためのキーワード②》

- 在籍期間・離脱期間・累計売上金額の3項目から、顧客の属性が見えてくる。

- 顧客ポートフォリオの状態を見ながら適切なフォローをすることで、お客様は喜んで商品を購入してくれる。

- お客様は整理された情報を求めている。「初回客」「よちよち客」へは商品情報を、「コツコツ客」「優良客」へは会社情報を提供すること。

- 顧客フォローの最優先順位は「優良離脱客」。この層には、商品を売り込むのではなく、向こうから戻ってきたくなるサービスを考える。

- クロスセリングのタイミングは「コツコツ客」以降。それ以前に行っても、お客様は混乱し流出するだけである。

- 「初回客」は、コミュニケーションをとればとるほどリピート客になる確率が高まる。

第3章

グラフとデータを読みこなせ!

自社の姿を読み取り、問題点を探る

ＣＰＭ分析は、やってみるとわかりますが、まず、ほとんどの方が「こんなに離脱客が多いとは思わなかった」という感想を持たれるようです。

しかし西野さんは、日頃から、「ダイレクトマーケティングとは、お客様の購買履歴をデータベース化することによって、お客様との絆を強くし、さらに、新しく出会ったお客様と末永くお付き合いすることで、結果として、売上が計算できてしまう販売形態である」とおっしゃっています。

ここまできたら、あとは「お客様との絆を強くするために、どのような対策を打つか？」という点に的を絞るだけです。

実際に、ある美容関連企業Ａ社のＣＰＭ分析を例にとって、さまざまな角度から問題点を探っていきましょう。

〔図18－1〕A社の2007年9月のポートフォリオ

顧客層	期間（月数）	金額（万円）	人数（人）
優良現役	22.5	24.0	813
コツコツ現役	16.3	3.6	765
流行現役	5.1	14.2	51
よちよち現役	1.4	2.7	203
初回現役	0.0	0.7	433
優良離脱	13.2	14.5	59
コツコツ離脱	8.8	2.8	366
流行離脱	5.4	14.2	17
よちよち離脱	1.4	2.6	275
初回離脱	0.0	0.8	880

〔図18－2〕A社の2007年9月のポートフォリオ

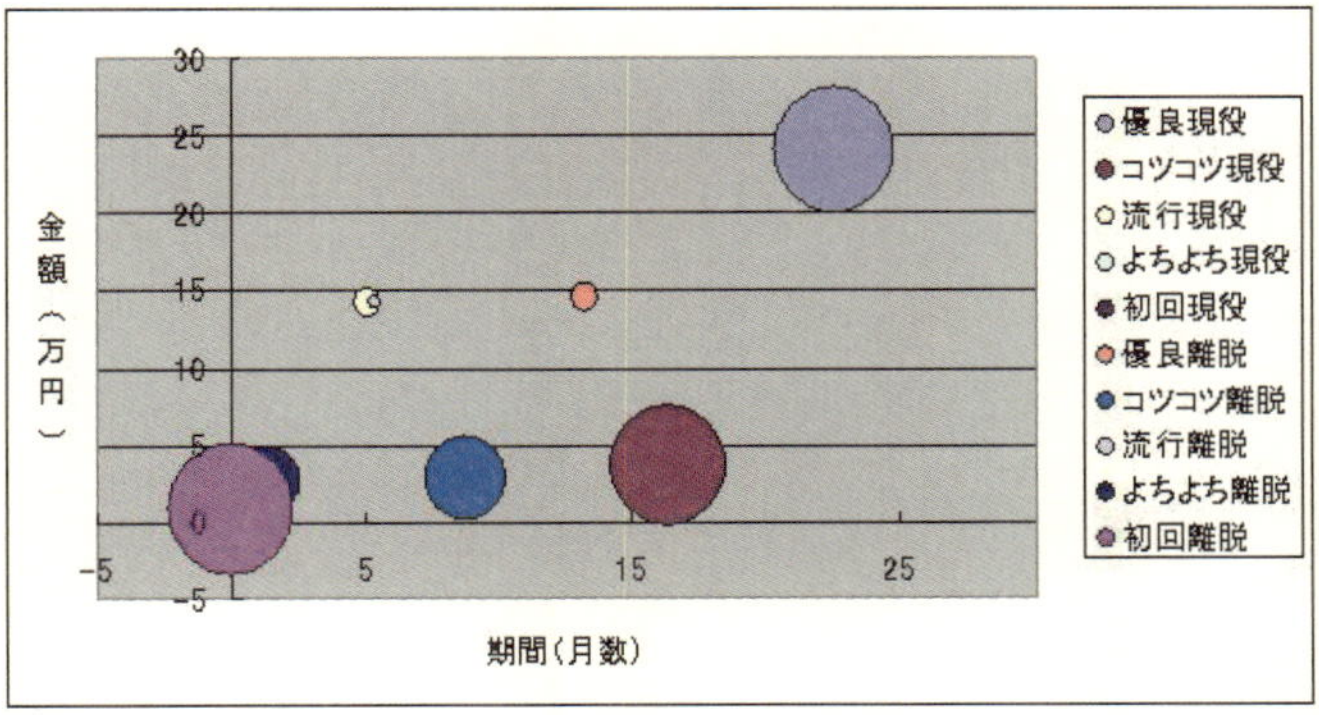

〔読み取りポイント1〕それぞれの円の大きさを見る（図18）

現役の円の直径に比べて、離脱の円の直径が大きいかどうか比べます。
現役の円の大きさ　＞　離脱の円の大きさ
となっていれば合格です。反対に、
現役の円の大きさ　＜　離脱の円の大きさ
となっていたら、その顧客層のお客様がどんどん離脱している危険な状態ですので、早急に手紙などでフォローし、離脱を防ぐ対策が必要です。
ただし、「初回離脱客」の円が「初回現役客」の円より大きいのは問題ありません。

〔読み取りポイント2〕在籍期間と売上の関係を見る（図19）

まず在籍期間を見てみましょう。

「初回客」が「コツコツ客」になるまでに、1人当たりの在籍期間が平均16・3ヶ月かかっているのに対して、「コツコツ客」が「優良客」になるまでは、わずか6・2ヶ月し

〔図19〕在籍期間と売上の関係

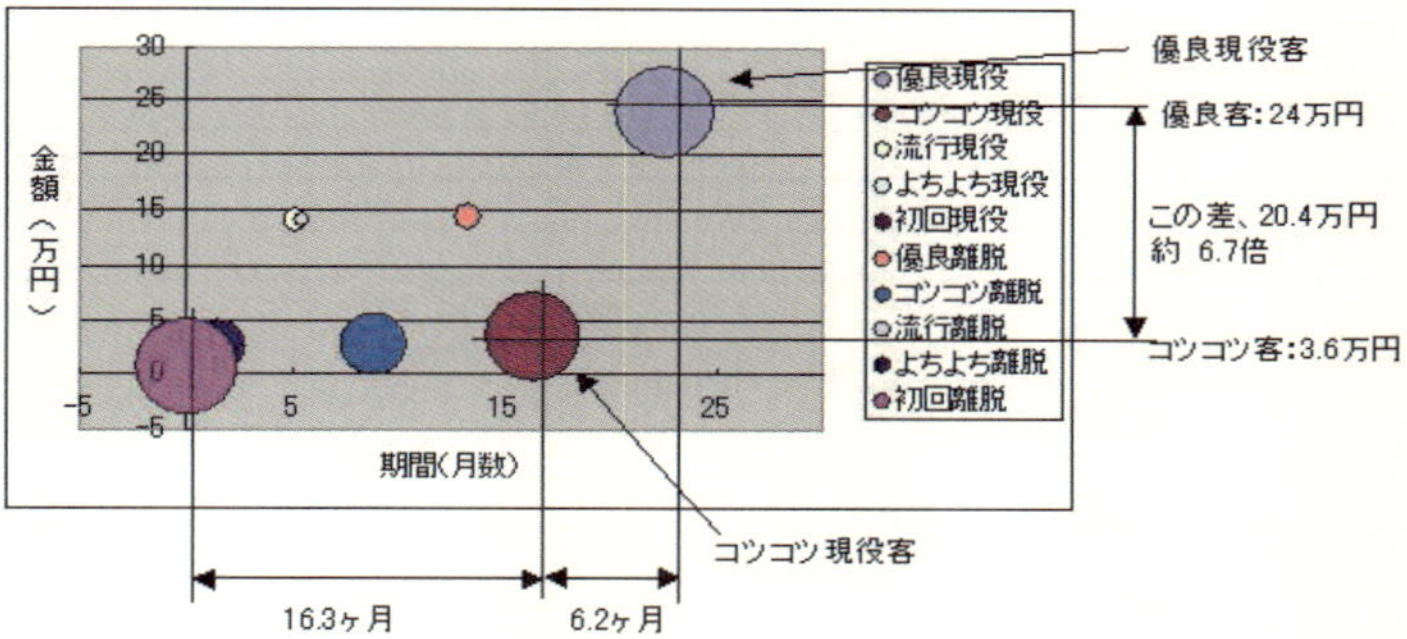

かかかっていません。

次に、在籍期間に対して売上はどうかというと、「コツコツ客」の1人当たりの平均売上3・6万円に比べて、「優良客」は24万円。驚くことに約6・7倍も伸びています。

では、「コツコツ客」→「優良客」の短い期間に何があったかというと、A社でいえば、パーマをかけに来ていたお客様が、ついでにエステも受けるようになった、つまり、クロスセリングが行われたということです。

おそらくは、パーマの技術やサービスに満足したお客様の多くが、「エステも受けてみよう」と思われたのでしょう。「コツコツ客」に「クロスセリング」が重要であることが、ここでも実証されています。

〔図20〕「優良現役客」が全体に占める割合

顧客層	期間（月数）	金額（万円）	人数（人）	累計金額（万円）	売上構成比（%）	人数構成比（%）
優良現役	22.5	24.0	813	19512.0	71.3	21.1
コツコツ現役	16.3	3.6	765	2754.0	10.1	19.8
流行現役	5.1	14.2	51	724.2	2.6	1.3
よちよち現役	1.4	2.7	203	548.1	2.0	5.3
初回現役	0.0	0.7	433	303.1	1.1	11.2
優良離脱	13.2	14.5	59	855.5	3.1	1.5
コツコツ離脱	8.8	2.8	366	1024.8	3.7	9.5
流行離脱	5.4	14.2	17	241.4	0.9	0.4
よちよち離脱	1.4	2.6	275	715.0	2.6	7.1
初回離脱	0.0	0.8	880	704.0	2.6	22.8
合　計			3862	27382.1	100.0	100.0

〔読み取りポイント3〕「優良現役客」が全体に占める割合を見る（図20）

この表を見ると、優良現役客の人数は813人。顧客全体は3862人ですから、全体の約21％を占めています。また、売上金額で見ると、売上全体の約71％を占めていることがわかります。

ここで再び「80：20の法則（パレートの法則）」を思い出してください。この企業の場合も、上位21％の「優良現役客」で、売上全体の71％を占めており、おおよそ「80：20の法則」に沿っていることがわかります。

西野さんによれば、「優良現役客が20％になれば、経常利益も20％になることが多い」とのこと。自社の「優良現役客」を20％にすることが、どの企業にとっても、1つの大きな課題であることは間違いありません。

〔読み取りポイント4〕「優良離脱客」による損失を計算する

A社のデータを見ると、「優良離脱客」が59人います。人数からいえば、全体の約1・5％に過ぎませんが、「優良離脱客」はほかの顧客層の離脱に比べると、1人の重みがまったく異なります。

グラフで「優良離脱客」の在籍期間を見てみると、1人当たり平均して13・2ヶ月。金額でいえば14・5万円もの買い物をしてくれています。片や、「コツコツ離脱客」の平均売上金額は2・8万円。これを計算すると、〔14・5÷2・8＝約5・2〕。つまり、1人の「優良離脱客」は、「コツコツ離脱客」の5～6人に相当するということです。

このことからも、まず、「優良離脱客」を現役に戻すことが最優先事項であるとおわかりになるでしょう。

〔読み取りポイント5〕時系列で円の推移を見る（図21）

最後に、毎月集計し、グラフにした顧客ポートフォリオを見比べていきます。

まず、「優良現役客」の円に注目してください。

たとえば、8月末と9月末のグラフが、以下のように、

・円の直径が大きくなった
・円の位置が右に移動して、「優良現役客」の在籍期間が長くなった
・円の位置が上に移動して、「優良現役客」の購買単価が高くなった

つまり、円が大きくなりながら右上に移動したということであれば、会社の仕組みとして的確なフォローアップができているということになります。

反対に、円が小さくなったり、左下に移動していたりすれば、「優良現役客」が離脱して、「優良離脱客」になっています。この場合は、早急に「優良離脱客」にお詫び文や特別品の案内をして、1人でも多く戻ってきてもらう必要があります。

次に、「コツコツ現役客」の円を見てください。こちらも「優良現役客」と同様に、

〔図21－1〕2007年8月末のポートフォリオ

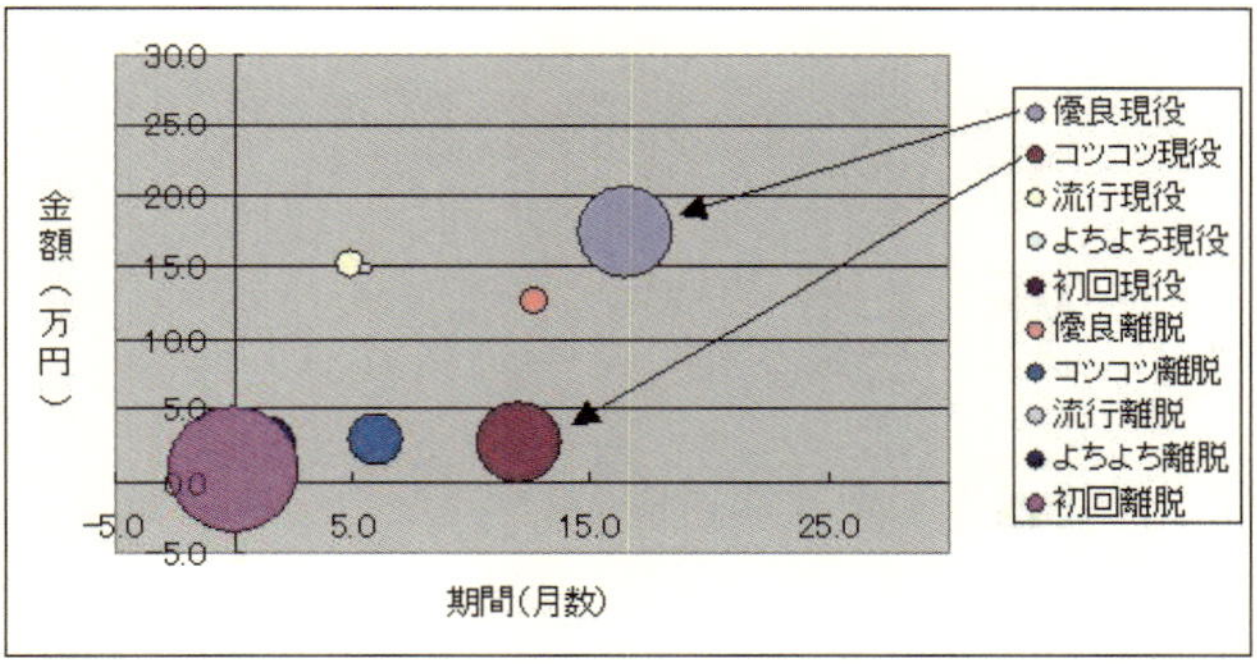

〔図21－2〕2007年9月末のポートフォリオ

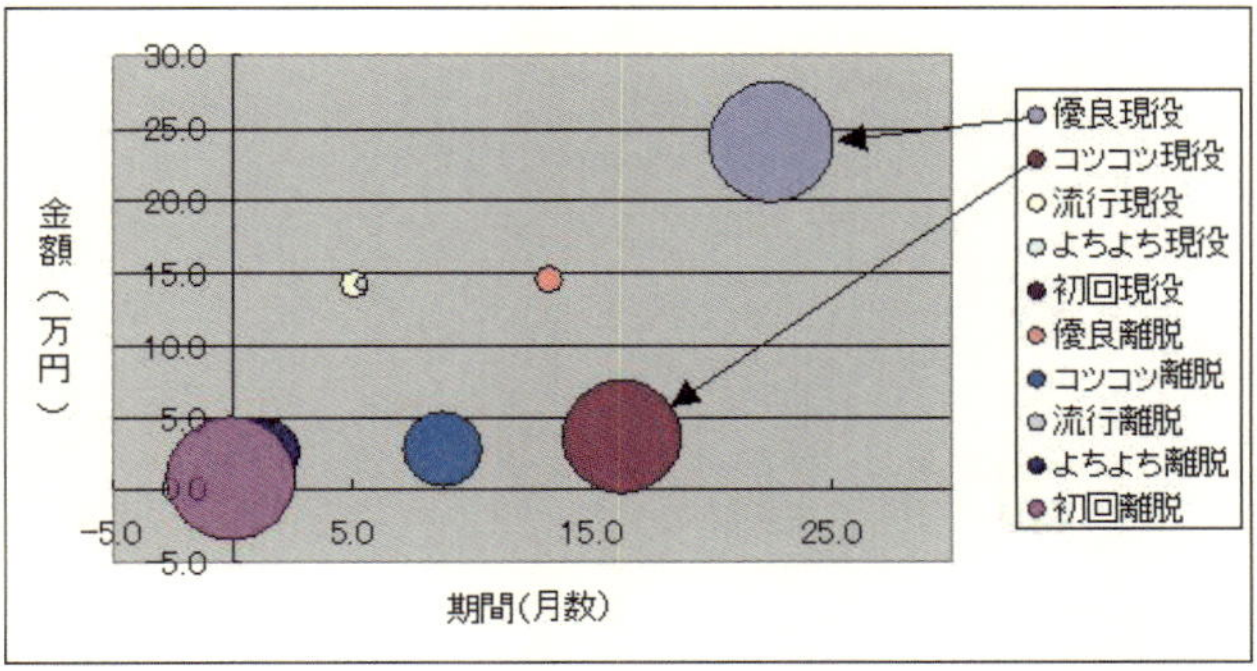

・円の直径が大きくなった
・円の位置が右に移動して、「コツコツ現役客」の在籍期間が長くなった
・円の位置が上に移動して、「コツコツ現役客」の購買単価が高くなった

ということですので、「よちよち客」（あるいは、コツコツ離脱客）への適切なフォローができています。

また、円の直径が大きくなっていない場合にも「優良現役客」が、それ以上に増えていれば問題ありません。ただし「優良現役客」は増えておらずに「コツコツ離脱客」だけが増えていれば、「コツコツ現役客」への適切なフォローができていないというシグナルです。

「初回離脱の谷」に落ちると、フォローしてもムダ

ＣＰＭ分析で、常に顧客の購買行動をウォッチしていると、毎月たくさんのお客様が別の顧客層に移動していくのがわかります。「初回客」でいえば、「よちよち客」の顧客層に移動するか、「初回離脱」の顧客層に行くかの、どちらかです。

〔図22〕初回離脱の谷にはまると・・・

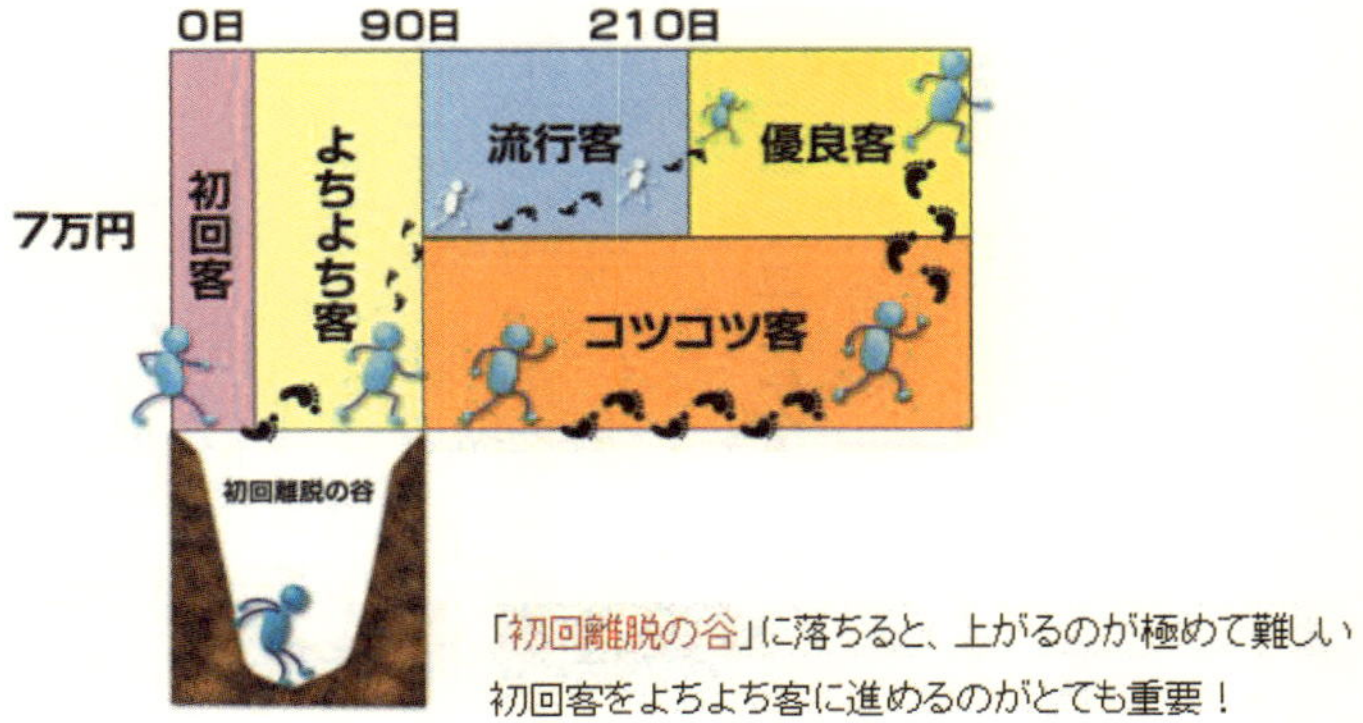

工場のベルトコンベアーのように、自動的に全員が「よちよち客」へ上がってくれればいいのですが、ほとんどの会社は20～30％程度しか「よちよち客」へ推移しません。残りの70～80％は、「初回離脱客」となり、その後の「反応率」が０・２％まで落ち込むことを考えると、そのお客様たちは離脱から現役に復帰するのは、ほぼ不可能という結論に達します。

ＣＰＭ分析では、「初回客」が「よちよち客」に進む割合を「推移率」と呼び、この「推移率」が50％以上であることを目標としています。つまり、最低でも「初回客」の２人に１人は、「よちよち客」の顧客層に行ってもらわないといけないということです。（図22）

そのために必要な施策が、先ほどもご紹介した**合計10回のアフターフォロー**です。もし推移率が50％以上でない場合には、適切なフォローができていないと判断して、フォローツールそのものを見直しましょう。

また西野さんは、「初回客からよちよち客の推移率が最も大事です」とおっしゃっています。言い方を換えれば、多くのお客様が「初回離脱」の顧客層に1度流れてしまえば、戻ってくることは難しいので、「初回客」→「よちよち客」の「推移率」を上げなければ、ビジネス自体が成り立たない可能性があるということです。最低でも「推移率」を50％にして、さらに60～70％にもっていくのが第2ステップとなります。

お客様は「コミュニケーション」に反応する

「推移率」が50％に達しない主な理由には、

・「初回客」に対して、フォローをまったく行っていない（もしくは、フォローが足りない）
・「初回客」に対して、間違ったフォローを行っている（商品のことをよく知らないお客

様に、クロスセリングしてしまった）
・気の合わないお客様を獲得した（買ってくれる人なら誰でもよいという姿勢で販売したため、本来の「相性が合う」お客様以外を獲得してしまった）
などが考えられますが、「推移率」が50％に届かない企業が多い理由の1つには、
・リピートを前提として商品を販売していない
という点も挙げられます。

化粧品や食品のように、定期的に買い続ける商品特性がなければ、何もフォローしない企業はたくさんあります。また、たとえフォローしたとしても、1回買っただけで2週間に1度のフォローを3ヶ月間も続けるというのは、これまでの企業の常識では考えられないことでした。


たとえば、リフォーム業などの経営者の中には、「うちは単価も高いし、リピート性はないから、そのやり方は合わない」とおっしゃる方がいるかもしれません。

しかし、もしリフォームをしてくれたお客様に、その後、アフターフォローをしながら、単価が2000～3000円の関連商品（生活まわりの商品）を1つでもご購入いただけ

たなら、それは、「私はいまもあなたの会社を気に入っていますよ」という投票をしてくれたようなものです。何年にもわたって投票をしてくださったお客様なら、次のリフォームがあったときには「あなたの会社に頼みたい」と思ってくださるのは自明の理ですよね。反対に、何もフォローしなければ、「年月が経てばほかの業者に行ってしまう」のは、当然といえば当然の話です。

また、これはほかの業界でも全く同じ話です。人間のコミュニケーションには、心理学者ザイアンスが証明した単純接触効果（Mere Exposure Effect）が働くからです。単純接触効果とは、簡単にいえば「接触する頻度が多ければ多いほど、人は好意的な態度になる」ということ。つまり「接触する頻度が多ければ多いほど、コミュニケーションは深まる」という単純明快な論理です。

いつも会って話をしているAさんのほうが、めったに会わないBさんよりも親しみを感じるように、お客様が、「どうせ頼むなら、あそこにお願いしよう」と思うのは、「いつも会っている人（会社）」なのです。

西野さんも、「商いに近道はありません」と断言しています。実行するのが大変で「面倒くさい」としても、やったらやっただけ成果は出ます。**アフターフォローとは人間関係づくりです。私たちは「コツコツ客」と同じく、自らも人間関係を築くための「コツコツと行う地道な作業」を大事にしなければいけません。**

「推移率」をどれほど真剣に考えているか

もう少し話を続けます。

もしも「推移率」が50％を切ってしまうとどうなるのか？　ＣＰＭでは「推移率」50％をキープしないと、顧客維持そのものが成り立たず、ビジネス環境が変わって新規の集客が落ちた途端、企業業績も悪くなると考えています。

なぜなら、「初回離脱客」の「反応率」水準が０・２％なので、フォロー費用が少ない企業は、離脱したお客様を永遠に呼び戻すことができないからです。

たとえば、引越業など、平均単価30～50万円の商品（サービス）を提供している企業があるとします。

引越しという非日常性の高い業態の場合は、数年に1回、多くても1年に1回の利用が普通でしょう。ところが、そうなると、離脱期間として設定している240日（8ヶ月）を超えてしまう可能性が高いので、この企業は、「初回離脱客」が増えやすい傾向にあるといえます。

引越業だけではありません。先ほどのリフォーム業や住宅販売業、ハウスクリーニング、不用品の回収業、自動車販売業など、「初回離脱客」が増えやすいモデルは、新規集客が落ちると、その数ヶ月後には業績が悪化する傾向にあります。

では、どのような施策を打てばいいのでしょうか。

「リピートを基盤にするモデルを構築する」観点からすれば、答えは、「初回離脱客」を出さないために、繰り返しになりますが、**たとえ1000円でもお支払いいただき、お付き合いの期間を伸ばすことが重要なポイント**です。

西野さんもおっしゃっていますが、「人は、嫌いな会社には1円も払わない。反対に、1円でも払ったということは、好意を持っている証拠」です。

クロスセリングができる顧客層（「コツコツ客」以降）まで、たとえ少額でも関連商品を利用してもらい、とにかくお付き合いの期間を伸ばすことが、リピートを基盤にする企業の絶対条件です。

ところが、高単価の商品を扱っている企業は、ともすると「儲けが出る・出ない」という観点からのみ考えてしまうため、「少額のサービスなんてバカバカしい」と、フォローに取り組むことをしないまま、お客様との縁も切れてしまいがちです。

どんな業態であっても、「謙虚さを持ちながら、お客様へのフォローを実践し続ける」という態度が、多くの人に好まれ、末永いお付き合いへとつながるのではないでしょうか。

自社の「推移率」はどうなっているのか？

では、先ほどのA社のデータを使って、「推移率」を見ていきましょう。（図23）

この表は、２００７年3月から２００７年9月までの７ヶ月間に、「初回客」「よちよち客」のお客様がどのように推移しているかを表しています。

注目してほしいのは3つの数字です。２００７年3月末の時点で、顧客合計は３２９９人でした（①）。それが、２００７年9月末には、３８６２人になっています（②）。つまり、この７ヶ月間に、５６３人のお客様が増えたということです（③）。

〔図23〕7ヶ月にわたる顧客推移表

顧客層	2007/03	2007/04	2007/05	2007/06	2007/07	2007/08	2007/09	増減
よちよち現役	175	185	188	188	185	206	203	⑥ 28
初回現役	410	411	421	456	465	442	433	④ 23
よちよち離脱	231	237	244	250	262	270	275	⑦ 44
初回離脱	704	742	766	793	817	851	880	⑤ 176
顧客合計	① 3299	3,396	3,501	3,625	3,717	3,790	② 3862	③ 563

〔図24〕顧客の推移チャート

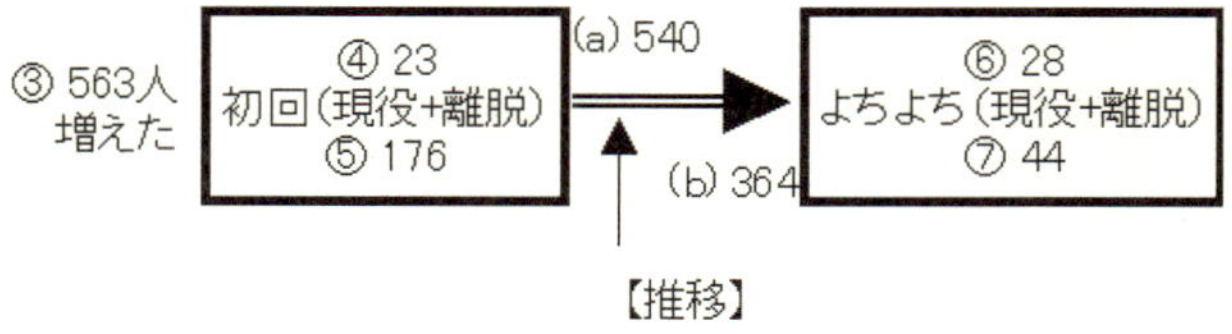

上段の数：現役の増えた人数
下段の数：離脱の増えた人数
人数の横のマル数字は、図23の数字にあたります。

この563人が、どの層に移動したかを表したのが次の図です。（図24）
以下のやり方で、「初回客」→「よちよち客」の推移率を計算してみましょう。

〔読み取りポイント6〕推移率を計算する

まず、「初回客」が23人（④）増えていますので、
563人−23人＝540人（図24のa部分）
が、「初回離脱」か「よちよち客（現役もしくは離脱）」以降に移動していることがわかります。
次に、「初回離脱」には176人（⑤）が移動していますので、
540人−176人＝364人（図24のb部分）
が、「よちよち客（現役もしくは離脱）」以降に移動していることになります。
540人から364人が「よちよち層」に変化しているということは、推移率は、
364人÷540人＝約67％
ということになり、「推移率」50％を大きく超えている点からも、A社は順調に推移し

ていることがわかります。

反対に、「推移率」が10～20％であれば、新規集客をやめてでも、「初回客」のフォローを徹底的に行うべきでしょう。

「推移率」が低いということは、いくら水（新規客）を入れても、バケツの底に穴があいている状態（離脱）ですので、新規の広告を打っても「広告費を使うだけ無駄」になります。

A社の場合のフォローの目安としては、「優良離脱客」→「流行離脱客」→「コツコツ離脱客」→「よちよち離脱客」→「流行現役客」→「コツコツ現役客」→「よちよち現役客」→「初回現役客」（ただし、「流行」層の人数が少ない場合は優先順位を低くする）の順番でフォローするのがいいでしょう。

A社は順調に推移していますので、離脱率の低い「優良現役客」はフォローの順位を低くしてもよいと思われます。

それから、「初回離脱客」は、いくらフォローしてもコストの採算は合いません。よほどの予算がある場合を除いて、フォローの対象からは外してよいでしょう。

また、フォローコストを低下させるために、現役層に対しては、フォローの案内文を商品と一緒に同梱する方法も考えられます。

いずれにしても、「初回離脱客」層への流出をいかに防ぐかが大切です。ビジネス全体でいえば、「初回客」と「よちよち客」の間にはとてつもなく深い谷（第1関門）があって、その谷を越えられるかどうかで、企業の生き残りが決まるといっても過言ではありません。

その目標が、「最低でも50％の推移率」なのです。

過去に「将来は大企業になるだろう」と思われた会社が、新聞などで規模の縮小や淘汰が報道される1つの要因は、この落とし穴に気づかなかったのではないかと思うほどです。新規客がどんどん獲得できているときは、一方で離脱が増えていることに目が向きません。しかし、新規客の獲得が難しくなってきたいまの時代、後からそれに気づいても手遅れになりかねません。

さて、あなたの会社の「推移率」はどうでしょうか？　リピートがない前提で、営業にばかり力を注いでいたという会社も、1度足を止めて、自社の姿を冷静に見つめてみることが、会社の未来を照らす大きな1歩につながるはずです。

なぜ、リピート客を生む仕組みが重要なのか？

あらためて、リピートの重要性を考えてみると、1つはいうまでもなく「集客・販促コストの低下による収益性のアップ」といえるでしょう。

たとえば、すべて新規のお客様に買ってもらおうとすると、1人当たりの単価を1万円として、年間1億円の売上を達成するためには、〔1億円÷1万円＝1万人〕で、1万人を獲得する必要があります。

ところが、新規集客のＣＰＯは、通常1万円といわれていることから考えると、

〔1万円×1万人＝1億円〕

となり、採算は合いません。

それに対して、1万円の買い物を年間10回行ってくれるお客様で1億円を達成する場合、〔1億円÷（1万円×10回）＝1000人〕

となり、たった1000人のお客様で年間1億円が達成できます。

また、かかるコストも新規集客コスト〔1万円×1000人＝1000万円〕に加えて、毎回100円（通信費＋紙代＋印刷代）のDMを年間15回出したと仮定しても、年間にかかるコストは、〔100円×15回×1000人＝150万円〕で、新規集客コストとあわせても〔1000万円＋150万円＝1150万円〕にしかなりません。

つまり同じ年間1億円の売上を上げるとしても、新規客だけで達成するのとリピートでは、必要な顧客数もかかるコストもまったく異なるのです。

リピートの重要性を考える上で、もうひとつポイントとなるのは、「スタッフ数のスリム化」です。

1万人のお客様をフォローするために必要なスタッフの人数と、1000人のお客様をフォローするために必要なスタッフの人数を考えてみれば、後者のほうがはるかに少ない人数で対応でき、販売管理費（人件費など）を抑えることができるわけです。

いつも新規客ばかり追いかけている企業と、リピート客を重視している企業とでは、当たり前ですが、コスト構造が全く違います。あなたが経営者なら、利益に大きな差が生まれる事実から決して目を背けてはいけないということです。

懺悔のポートフォリオ

「顧客ポートフォリオは、お客様から見た自社の姿」であることは、先述しました。これが意味するところは何かといえば、たとえば「離脱客が多い」理由は、お客様にとって、「自社の魅力がなくなっている」という危険信号を表しているのです。そうであれば、自社がとるべき対策は、「お客様を変えること」ではなく、「私たち自身が変わること」しかありません。

顧客ポートフォリオの状態が悪いのは、自社が、何かお客様のニーズに合わないことをしているのです。つまり、「してはいけないことを何かしたか」「しないといけないことをしなかったか」の、どちらかなのです。

CPMでは、この状態を「懺悔のポートフォリオ」と呼んでいます。

その場合は、自社に「お客様が離脱する原因」があるのですから、自社の中から「お客様の不満足要因」を探さなければいけません。

たとえば、「よちよち客」から「コッコツ客」へ移動する人数が減り続けているとしたら、「よちよち客」に対して行った自社の行動に原因があると考えられます。その場合、

・ハガキやＤＭを送るタイミングが適切でなかった

・ハガキや季刊誌（ニュースレター）の頻度が適切でなかった

・ハガキやＤＭの文章が適切でなかった

・購入された商品のことをまだよく理解していないのに、もう次の商品の案内を送ってしまった

など、いろいろな原因が思い浮かびますね。

こうした仮説を導くために、ここ何ヶ月か行った作業を全スタッフでチェックし、まずかったと思われる要因をすべて洗い出すことが必要です。

また話し合いの場では、どこのプロセスに問題があるのか（ここでいえば「よちよち客」↓「コッコツ客」へのプロセス）を特定して話を進めなければ、要因を洗い出すにしてもあいまいな仮説となってしまい、よりよい改善策を出すことはできません。

もちろん、「私たちはやるべきことをやっている」という考え方では、いくらＣＰＭ分

析を行っても、得られるものは何もありません。

自社の「よい点」を探すことも大切なステップ

ただし、問題点ばかりに気を取られてしまうと、反対に「何もできなくなってしまう」ことも、また事実です。

とにかく問題点というのは、「探せば探すほど見つかるもの」です。データを分析するときには、自社のよい点（よいところ）を見つけることも重要です。

そのもっとも大きな理由は、「スタッフのモチベーションを上げる」ことだと言えます。

たとえば、DMコストが以前より高くなり、当初予定していた採算性に達しなかったものの、レスポンス率は以前より上がったとします。DMコストが上がったのは、紙面を充実させたからなのですが、これまでの発想では、フォローのコストは「費用」だと思っていますから「DMコストが上がって採算性が悪くなったので、今回の工夫はだめだった」と判断しがちです。

しかし、「レスポンス率は向上したので、離脱から現役に戻ったお客様の実数は増加した」ことに注目すると、「今後は、今回工夫したこの方法で行こう！」と決断できる場合があります。

「採算性が悪かった」ことばかりに目を向けてしまうとモチベーションは低下しますが、「レスポンス率が上がったのは、お客様が喜んでくれているからだ」という「よいところ」を見つける意識をスタッフ全員で持つことで、「もっとお客様を喜ばせることはできないか？」と、さらなるアイデアが湧くようになります。

まずは、「よいところを認識し、それをさらに向上させる方法を実行する」ことが先決です。よいところを伸ばすことは、すぐにとりかかれ、なおかつやっているスタッフも楽しいので結果も出やすいのです。もちろん、スタッフをほめることが、最大のモチベーションアップにつながります。

伸びる企業に共通するのは、「現場スタッフが、会社での業務を自分のこととして認識している」という点です。そのような会社は、社員1人1人が仕事を自己完結しています。自分で仮説を立て（P・計画）、実行し（D・実行）、検証と分析を行い（C・評価）、次の行動につなげる（A・改善）。さらに言えば、このPDCAを、現場のスタッフ自らが行えるようになることが、全員参加型経営につながる大切なポイントとなるでしょう。

問題点を絞り込もう

〔ケーススタディ1〕ユニフォーム販売業B社の場合

さて、ここからは、いくつかのケーススタディを基に、問題点とその対策を検証していきたいと思います。

まずは、作業服、白衣、ユニフォームなどの販売を行うB社のケースです。

B社の販売対象のほとんどは法人で、法人売上だけで全体の95%を占めています。また、商品はお客様を訪問して納入するというスタイルです。

新規客を集めるためにDMも送っていますが、なかなか当たらないため、いまは、既存客からの紹介や飛び込みが営業の中心です。広告の類は出していません。

では、2008年3月時点の顧客ポートフォリオを見てみましょう。（図25）

〔図25－1〕B社のポートフォリオ

2008年03月のポートフォリオ

ランク	期間(月数)	金額(万円)	人数(人)	累計金額	金額比率	人数比率	全体比率
優良現役	49.5	118.2	131	15,484	80.9%	28.9%	現役：56.5%
コツコツ現役	27.3	9.5	80	758	4.0%	17.7%	
流行現役	5.8	30.7	3	92	0.5%	0.7%	
よちよち現役	1.1	8.3	18	149	0.8%	4.0%	
初回現役	0.0	2.7	24	65	0.3%	5.3%	
優良離脱	32.2	50.6	34	1,721	9.0%	7.5%	離脱：43.5%
コツコツ離脱	20.4	7.4	61	450	2.4%	13.5%	
流行離脱	6.8	21.7	2	43	0.2%	0.4%	
よちよち離脱	0.9	6.3	31	195	1.0%	6.8%	
初回離脱	0.0	2.5	69	173	0.9%	15.2%	
合　計			453	19,131	100.0%	100.0%	

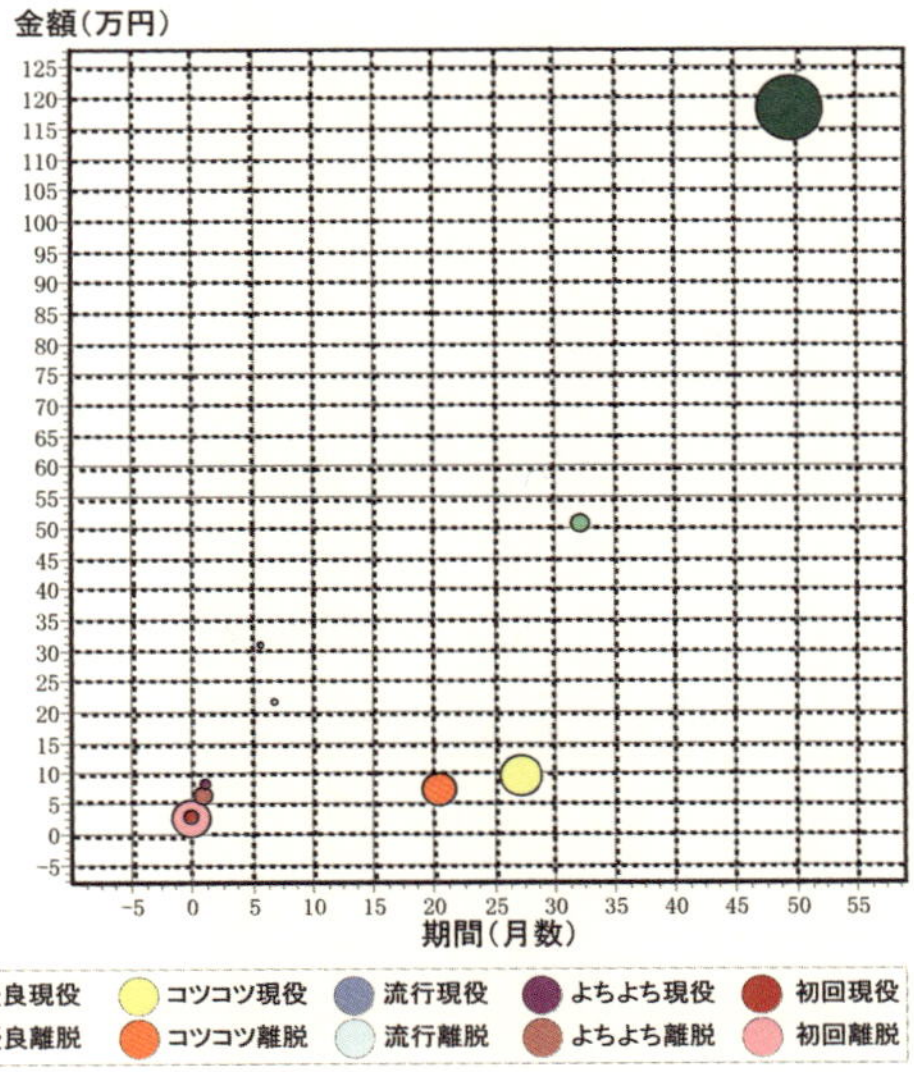

〔図25－2〕B社のポートフォリオ

各顧客層の人数推移表

時期	2007/04	2007/05	2007/06	2007/07	2007/08	2007/09	2007/10	2007/11	2007/12	2008/01	2008/02	2008/03	増減
優良現役	123	129	132	134	130	126	129	131	135	133	129	131	8
コツコツ現役	70	70	71	69	69	67	69	70	76	82	82	80	10
流行現役	4	3	2	1	1	0	0	1	2	3	3	3	-1
よちよち現役	16	21	24	25	24	22	22	21	22	17	16	18	2
初回現役	36	33	33	38	40	41	37	36	34	27	24	24	-12
優良離脱	22	18	18	19	23	27	27	27	24	29	35	34	12
コツコツ離脱	42	46	46	47	52	56	60	61	59	55	58	61	19
流行離脱	1	1	2	2	2	3	2	2	2	2	2	2	1
よちよち離脱	22	22	23	23	24	25	26	29	28	32	31	31	9
初回離脱	38	43	44	47	49	51	52	54	57	60	64	69	31
顧客合計	374	386	395	405	414	418	424	432	439	440	444	453	79

〔図25－3〕B社のポートフォリオ

毎月の推移率

時期	2007/05	2007/06	2007/07	2007/08	2007/09	2007/10	2007/11	2007/12	2008/01	2008/02	2008/03
推移率	66.7%	88.9%	40.0%	71.4%	33.3%	90.0%	77.8%	66.7%	62.5%	42.9%	44.4%

〔問題点1〕

まず、**表25-1**を見てください。「優良現役客」が顧客合計の約29％と高く、現役客の比率では実に56・5％を占めています。

また、**表25-3**の「推移率」を見ると、2007年5月から順に、66・7％↓88・9％↓40・0％↓71・4％…と、多少の増減はあるものの、安定して高い水準が保たれています。

これは、既存客のフォローが良質であることを示しており、顧客からの信頼が厚く、顧客満足度も高いことがうかがえます。

その反面、**表25-2**でわかるように、「初回現役客」が減少傾向にあることから、新規客を積極的に増加させていません。あるいは新規集客が思うように進んでいないことが読み取れます。

〔対策1〕

この会社の場合は、既存客の満足度が非常に高く、既存客に対するフォローは、現在の方法を続けていけば当面問題ないでしょう。

そうであればこそ、会社として売上を増加させるのであれば、いまが新規客を獲得する時期といえます。

この会社のように、法人を中心とした営業展開をしている場合、新規客を増加させる販促で効果的なのは、ＦＡＸによるＤＭでしょう。

しかし、ユニフォームの販売という特性上、１件当たりの売上金額が高いため、ＦＡＸによるＤＭだけで、新規の注文を取るのは難しいでしょう。そこで、ＦＡＸでの販促は「見込み客」の発掘（営業マンのアポイントメント）を目的にするといいでしょう。

企業に対するＦＡＸ－ＤＭ販促リストは多く存在しています。たとえば、商工会議所などの名簿、タウンページなどでも入手することができます。

ＦＡＸ販促で重要なのは、販促ＤＭの上に、「株式会社○○○　社長様」というように、宛名が見えるようにすることです。

会社名は個人情報ではないので、個人情報保護の観点から問題となることはありません。社長の個人名も不要です。

最近では、一斉同報サービスを１件当たり10円程度で行っている企業もあり、会社名やＦＡＸ番号のデータがあれば、販促ＤＭの上に、先ほどの「株式会社○○○　社長様」

を入れることも可能です。

また、販促ＤＭづくりのポイントとしては、「それはうちの会社のことだ!」と気づいてもらえるような、問題提起型のキャッチコピーづくりが最も大切です。

お客様の立場で情報を整理・発信する

〔ケーススタディ2〕通信販売業Ｃ社の場合

次に紹介するＣ社は、キムチの店舗販売と通信販売を行っている会社です。売上比率は、店舗販売が85%、通信販売が15%となっていますが、以下の顧客ポートフォリオは、通信販売の売上だけを対象としたものです。

前提として、この会社では、検索エンジンを利用したＰＰＣ広告（アドワーズ広告やオーバーチュア広告）で新規集客し、集客後のフォローは、メール、ハガキ、週１回のメルマガで行っていました。

まずは２００８年3月末時点での、顧客ポートフォリオのグラフと表を見てみることに

〔図26−1、2〕C社のポートフォリオ

2008年03月のポートフォリオ

ランク	期間(月数)	金額(万円)	人数(人)	累計金額	金額比率	人数比率	全体比率
優良現役	40.1	15.9	34	541	28.1%	1.5%	現役：7.0%
コツコツ現役	33.7	1.9	48	94	4.8%	2.1%	
流行現役	0.0	0.0	0	0	0.0%	0.0%	
よちよち現役	1.1	5.1	9	46	2.4%	0.4%	
初回現役	0.0	0.4	72	26	1.3%	3.1%	
優良離脱	20.1	6.7	24	160	8.3%	1.0%	離脱：93.0%
コツコツ離脱	12.9	1.5	207	303	15.7%	8.9%	
流行離脱	5.1	6.3	4	25	1.3%	0.2%	
よちよち離脱	1.3	0.9	127	113	5.8%	5.5%	
初回離脱	0.0	0.3	1802	623	32.3%	77.4%	
合　計			2327	1,930	100.0%	100.0%	

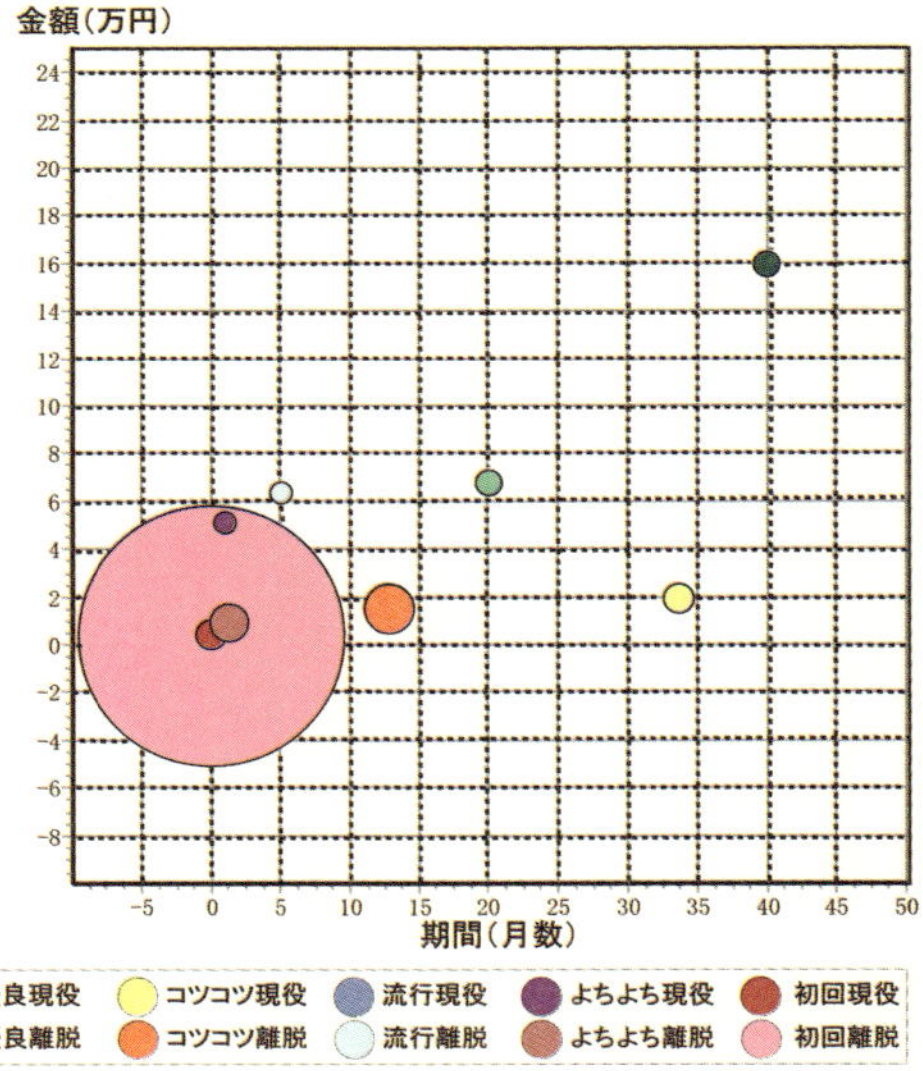

しましょう。〔図26〕
〈※ちなみに累計金額は〔金額×人数〕を、累計金額比率は〔各顧客層の顧客の売上金額が全体に占める比率〕を、人数比率は〔各層の顧客の人数が全体に占める比率〕を、それぞれ表しています〉

〔問題点2〕
この図からわかるのは、「優良現役客」が全顧客の1・5％しかなく、現役顧客全体でも7％しかないということです。
数字として非常に低い値であり、フォローがほとんどされていない現状が伺えます。

〔対策2〕
1つの対策として挙げるとすれば、「フォローは必ず紙媒体で行う」ということです。インターネットを入り口にして注文が入ったお客様でも、フォローは紙媒体で行う必要があります。お客様は、決して「フォローまでインターネット上でしてほしい」とは思っていないのです。

〔図27〕C社の推移表

各顧客層の人数推移表

時期	2007/04	2007/05	2007/06	2007/07	2007/08	2007/09	2007/10	2007/11	2007/12	2008/01	2008/02	2008/03	増減
優良現役	39	38	38	37	34	32	33	31	32	31	34	34	-5
コツコツ現役	58	52	52	47	28	21	21	22	24	23	39	48	-10
流行現役	1	2	2	2	0	0	0	0	0	0	0	0	-1
よちよち現役	11	11	9	8	6	7	4	5	6	6	9	9	-2
初回現役	85	81	72	76	63	62	58	55	55	55	64	72	-13
優良離脱	16	17	17	18	22	24	23	25	24	25	23	24	8
コツコツ離脱	172	177	179	186	207	214	216	217	218	220	214	207	35
流行離脱	3	3	3	3	4	4	4	4	4	4	4	4	1
よちよち離脱	119	121	123	123	126	126	127	127	128	129	127	127	8
初回離脱	1726	1733	1744	1745	1760	1766	1779	1789	1802	1806	1800	1802	76
顧客合計	2230	2235	2239	2245	2250	2256	2265	2275	2293	2299	2314	2327	97

次に、「推移率」を見てみましょう。（図27）

この表は、２００７年４月から２００８年3月までの1年間の推移を表しています。

直近の推移を見るために、２００７年12月から１ヶ月ごとの「推移率」を出してみましょう。

※２００７年12月～２００８年１月の「推移表」を参照

この１ヶ月間に増えた顧客数は合計６人（２２９９人－２２９３人＝６人）です。それに対して「初回現役客」は１人も増えていません（55人のまま）。「初回離脱客」は４人増えています（１８０６人－１８０２人）。

つまり、増えた６人のうち、４人は「初回離脱客」となり、残りの２人が「よちよち

（現役または離脱）客」に移動したことがわかります（6人－4人＝2人）。

したがって、この場合の「推移率」は、〔2人÷6人＝33・3％〕となります。

同じように、2008年1～2月、2008年2～3月の「推移率」を出してみると、2008年1～2月の「推移率」は、200％。2008年2～3月の「推移率」は60％であることがわかります。

〔問題点3〕

注目したいのは、2008年1～2月の「推移率」が200％を超えているという部分です。

これは、初回離脱客から現役客に復活したことが要因となっており、必ずしもよい傾向とはいえません。

また、「初回離脱客」の数が非常に多いことからも、「新規はとってもフォローはしない」という会社の姿勢が浮き彫りになっています。

〔対策3〕

大切なのは、日頃から離脱させないアフターフォローです。

この会社の問題を解決するためには、新規集客を当面見合わせてでも、既存客をフォローする仕組みをつくることが早急な課題となるでしょう。

対策の1つとしては、いまのところは、まだお客様の数が少ないのですから、ぜひ手書きによる、「人の存在が感じられる情報提供」をやってみたらいいと思います。

フォローの情報としては、キムチのよさを再度認識してもらう内容で、たとえば、キムチ健康法、キレイ生活など、健康志向、美容志向への提案が功を奏するのではないかと思われます。

具体的には、あらためて、「キムチのよさを伝える（自社の特長）」ことです。

たとえば、ブランド名が「あじわいキムチ」であれば、『あじわいキムチ解体新書』などと名づけたレターなどを送付して、キムチで健康的になる方法、肌がきれいになる方法、お客様の喜びの声などを伝えればいいでしょう。

なお、この会社の場合は、商品がキムチに特化しているので、「優良離脱客」「コツコツ離脱客」「よちよち離脱客」に対して、同じツールでフォローしても構わないでしょう。

また、最近の風潮を考慮して、安全性に対する情報提供を添えてもいいかもしれません。

数値データを顧客ポートフォリオのような「グラフ」にしてみると、直感的に「本当の姿」がわかり、適切な対策が打てることが理解できたと思います。冒頭でもいいましたが、「顧客ポートフォリオはレントゲン写真のようなもの」です。人間同様に会社も健康診断が必要です。定期的に顧客ポートフォリオの変化を眺めると問題の予兆をつかむことができます。

もし、あなたの会社でも問題が発見されたなら、最悪の事態になる前に、ぜひ適切な「治療」を行ってください。

《リピート顧客倍増のためのキーワード③》

- 100人の「初回客」がいたら、50人以上を「よちよち客」に育てるのが目標。
- リピートを前提としない企業でも、コミュニケーションをとり続けることで、「再び指名される」会社になれる。
- 人は嫌いな会社には1円も払わない。1円でも払うのは好意を持っている証拠。
- 自社がとるべき対策は、「お客様を変える」ことではなく「私たち自身が変わる」こと。
- フォローは必ず紙媒体で行う。インターネットから入ってきたお客様でも、フォローまでインターネット上でしてほしいとは思っていない。

第4章

「絆」経営で自社も顧客も育成

先代社長の遺志を継いで

ここまで本書でご紹介した、素晴らしいマーケティング手法を生み出した西野博道さんは、「やずや」の先代社長である故・矢頭宣男さんに番頭として15年間仕え、「やずや」のマーケティングに徹底従事してきました。

現在、年商300億円以上に成長した「やずや」の「すべてを知る男」といわれ、「やずや」の九州自然館を分社し、わずか3年半で年商23億円の企業に育てました。さらに、2004年からは、「やずや」グループ㈱未来館の代表取締役に就任し、「元気な経営の応援団」を目指して、これまで培ってきたマーケティングのノウハウを、多くの中小企業の経営者にコンサルティングしています。

このような西野さんの実績を耳にすると、「クールな切れ者で、おそらく成功街道まっしぐらなエリート人生を歩んだ人なのだろう」と想像してしまうと思います。ところが、実際にお話をお聞きすると、西野さんは、その昔、1億円の借金を抱え、散髪代もなく、奥さんにバリカンで刈ってもらっていたくらい、苦しかった時期があったそうです。

西野さんは24歳で独立して、カラーテレビの修理からコンピュータ会社を立ち上げました。当初、事業はうまくいっていたそうですが、多角化から4、5年で一気に借金が1億円になってしまいました。もう、どうにも行き詰まり、最後は、弁護士のところに相談に行き、「50万円出してくれたら、破産させてあげますよ」といわれ、破産を考えるところまで思いつめてしまいました。

そんなどん底で、西野さんは偶然、博多で、人生の師とも呼べる「やずや創業者の矢頭宣男社長」と出会います。西野さんは、その後、2〜3年、矢頭社長と付き合っていく中で、借金のことを打ち明けたそうです。「借金が1億あるので、破産しようと思っているのです」と。

すると、矢頭社長は「借りたものは返さなきゃだめじゃないか！」と、こっぴどく西野さんを叱りました。この矢頭社長の叱咤激励で、西野さんは人生を大逆転させることになります。それからの西野さんは、夫婦で「やずや」さんに務め、西野さんは業務部長として、奥さんはＤＭの出荷担当として働き、毎月２００万円の借金を返済しました。

当初、「やずや」グループの㈱未来館は、関連会社を含めた内部の社員教育を行うために設立されました。しかし、西野さんにはどうしても、もう1つ実現したかったことがありました。

それは、矢頭社長が仲間の社長たちと一緒にやっていた「すずめの学校」という、ビジネス勉強会の継続でした。

その内容は、「うちは、こうやったらうまくいった」とか、「この方法は失敗だった」とか、会社経営におけるさまざまな事例を話し合うもので、一緒に勉強して、経営者としていい会社をつくり、いい社長になっていこうという目的で活動していました。

ところが、「すずめの学校」が2年目を迎え、これからという平成11年に、矢頭社長が突然亡くなられたのです。入院して、わずか1ヶ月のことでした。

そのとき、西野さんは、「自分も一緒に死にたかった」という気持ちだったそうです。

なぜなら、西野さんにとって先代社長は、これまでのお話のように、自分を人生のどん底から引き上げてくれた大恩人だったからです。

そのことを、西野さんは「言葉に尽くせないほどの恩義を感じた」とおっしゃいます。

余談ですが、西野さんは「やずや」さんに従事し始めてからのほとんどを、会社に寝泊まりし、自宅には週末しか帰らないという生活をほんの2、3年前まで続けていたそうです。

それほどまでの想いがあるからこそ、亡き先代社長に代わって、その勉強会を「いつか自分が引き継ごう」と決心したのだと思います。

また、特に最近は、売上の伸び悩みで苦しんでいる会社が多いこと、1人で通販会社を立ち上げたいという人が多いことなども手伝って、西野さんの気持ちをあと押ししたのでしょう。やずや式のビジネス手法を学ぶ「リピート顧客倍増実践会」の設立にも快くご協力くださいました。

今回のように、西野さんが、経営の要ともいえるマーケティング手法を惜しみなく公開してくださる理由も、そうした先代社長との深い絆があったからだといえます。

この章では、この本のテーマである『顧客ポートフォリオ・マネジメント理論』がどのようにして生まれたのか。ＣＰＭの誕生ヒストリーを軸に、「やずや式絆経営」の真髄に迫ってみたいと思います。

売上が落ちても打つ手がない！

「やずや式」マーケティングの基本は、「お客様との絆を大事にする」という考え方にあります。世の中の多くの会社が、「どうしたらもっと新規客をとれるだろうか？」と、新規のお客様の「獲得」にばかり目がいっているときに、既存客を購買行動によって識別し、各顧客層に合ったフォローを徹底的に行い、着実に「お客様との絆を深める」活動を継続的に行ってきました。

その結果、初めて買ったお客様との信頼を深め、リピート率が劇的に高まり、年商も10年前に比べて約20倍となりました。まさに「永続的に利益を生み出す仕組み」をつくり上げたのです。

では、最初から業績が好調だったかといえば、そうではありません。「やずや」さんにも、苦しい時代がありました。

それまで堅調に伸びていた売上が、平成7年から、突然、毎月1000万円のペースで下がり始め、それからおよそ2年間、どんどん下がり続けたそうです。

その当時の「やずや」さんが、どのような顧客フォローをしていたかというと、「商品を買ってくれたお客様」だけに、手書きのお手紙を出していました。定期的に買ってくれるお客様は満足していたのです。

ところが、お客様は永遠に買い続けてくれるわけではありません。ときどきは休んだりするわけです。すると、手紙が行かなくなるのでそれっきり。

西野さんいわく、「当時は、買っていないお客様にフォローＤＭを出そうという発想がありませんでした。お客様を追いかけないというより、買ってくれたお客様をしっかり満足させればそれでいいんだというＲＦＭの発想だったのです。ＤＭを出さないもうひとつの理由は、弊社から買いたくない人に無理やりＤＭを送るのは、〝買わせる行為でよくない〟という先代社長の考え方がありました。もちろん、お客様へ電話すること（アウトバウンド）も禁止でしたし、反対に、お客様から電話がかかってきた（インバウンド）ときでも、〝決して買わせるような会話をしてはいけない〟という決まりがあったのです」

いまでこそ、「顧客ポートフォリオ」でお客様の〝本音（購買行動）〟を見て、対策が打てるようになったものの、当時は、売上が落ちても打つ手がなかったそうです。

いまのやり方では〝お客様の変化〟が見えない

当時の「やずや」さんが行っていたマーケティング方法は、次のようなものでした。

・手書きの仮説検討表をつくって実績を検証する

……たとえば、「この折り込みチラシを何部配ると、サンプル請求が何件あって、そのうちの何人が本商品を買ってくれるか」という仮説を何パターンもつくり、実際の結果（新規客のレスポンス）と一致するところを探す。

・ライフタイムバリュー（LTV＝顧客1人当たりの売上）を算出する

……〔年商÷顧客数＝LTV〕として、1年単位の顧客1人当たりの売上を毎月算出し、統計的に向こう1年間の売上を予測する。

この仮説検討表を、チラシごとにずっと追いかけていくと、お客様の「購買行動の再現性」が見えてくるのだそうです。

もちろん、他社もこのようなマーケティングのやり方は知っているはずです。しかし、ほとんどの会社ができていないと言ったほうが正しいかもしれません。

たとえば、Ａという媒体のメッセージで起こる反応と、Ｂという媒体のメッセージで起こる反応は違います。その結果を１年間くらいウォッチしていくと、お客様の反応に法則のようなものが見えてきます。つまり、「お客様が無意識にとる行動を、ある程度の確率で予測できるようになる」というわけです。

しかし、それでも売上は落ちていきました。西野さんも、「お客様をこんなに一所懸命大事にしているのに、何で売上が下がるんだろう」と、不思議に思っていたそうです。

落とし穴は、ＬＴＶの計算方法にありました。ＬＴＶは売上を顧客数で割りますから、売り上げが一定の場合、お客様が離脱すればするほどＬＴＶは上がるのです。そして、「１人当たりの売上が上がった＝自社の業績がよくなった」と勘違いしてしまいます。

これはつまり、「優良客」ばかりの状態です。それまで10万人で10億円売り上げていたのを、「初回客」「よちよち客」「コツコツ客」の5万人が抜けてしまい、残りの「優良客」5万人で、同じ10億円を売り上げるなら、単純にLTVは2倍になります。ところが、一時的にはよかった上昇カーブも、しばらくすると急速に下がり始めます。そのときになって、初めて「分母が減っている」ことに気づくわけです。

それと同じことが、「やずや」さんにも起こったのです。

他社とは違う、お客様との「絆」を深める考え方

仮説検討表でもLTVでも見えてこないもの。それは、表面に現われてこない「お客様の変化」でした。

「やずや」さんの場合は、平成7年から売上が下がり続け、2年経った平成9年になって、ようやく「買っていないたくさんのお客様がいたのだ」ということに気づいたといいます。

それまでも、お客様と「家族のように」付き合ってきたつもりでした。しかし、「大事にすべき家族」はほかにもいたのです。「離れてしまった〝家族〟と、もう1度お付き合

いしないといけない」という発想が、「顧客ポートフォリオ」のきっかけでした。

ヒントをくれたのは、平成6年ごろから月に1度、西野さんが参加していたある勉強会の講師で、アメリカのダイレクトマーケティング研究の第一人者・江尻弘先生でした。

江尻先生から最初に教わったのは、「ダイレクトマーケティングの基本は、顧客の創造と維持であり、特に大事にすべきなのは、顧客の維持である」ということでした。

しかし、当時は、広告を打てば打っただけ新規客がどんどん入ってきた時代です。どこも1回の広告で100%採算が取れていましたから、「顧客の維持が大事」と語る理論に対して、勉強会に参加したほかの企業の評判はあまりよくありませんでした。

そして、参加する企業が毎回減って、最後は、「やずや」さんを含め3社だけになり、まるで先生とマンツーマンのようだったそうです。

西野さんも、初めのうちこそ半信半疑でしたが、先生の話に次第に引き込まれていきました。

そしてあるとき、西野さんの心を捉えたのが、「プロダクト・ポートフォリオ・マネジメント（PPM）」という考え方です。

PPMとは、複数の製品を取り扱う企業にとって、投入すべき資金の配分が最も効率的

［図28］プロダクト・ポートフォリオ・マネジメント

市場成長率 ＼ マーケットシェア	←高	低→
↑高	1.花形製品	3.問題児
低↓	2.金のなる木	4.負け犬

な製品は何かを決定するためのマーケティング手法で、１９６０年代末に、ボストン・コンサルティング・グループ（ＢＣＧ）が提唱したものです。

　また、この手法で、アメリカのＧＥ（ゼネラルエレクトリック）などの巨大コングロマリット企業が、「利益なき成長」から立ち直ったといわれているのを、ご存知の方も多いと思います。

　上の図を見るとよくわかりますが、縦軸に市場の成長率を、横軸に、その市場における自社のマーケットシェアを取り、表の中に自社の製品を当てはめます。（図28）

　１の「花形製品」は、高いシェアがあり、市場も拡大していますが、同時に競争も激しいので、市場の成長に合わせた投資を続けていく必要がある「維持型」。

2の「金のなる木」は、シェアが高く、競争率が低いので、大きく資金を投入しなくてもキャッシュフローを生み出す「収穫型」。

3の「問題児」は、市場の成長に対してシェアが低く、現金収入も少ない「育成型」。

4の「負け犬」は、市場の成長が低く、シェアも低い「撤退型」で、原則的には「金のなる木」から得た収益を「問題児」に投入し、「花形製品」に育てるのが、正しい資金配分といわれています。

西野さんは、このPPMの「自社の製品を分類して育てる」という考え方に強く惹かれました。そして、「これは面白い！　この位置づけを、自社のお客様に置き換えて分類できないだろうか」と思ったのです。

まず、縦軸に顧客の収益性を、横軸に継続性を取り、各ポジションに分類し、「顧客の性質を識別する」マトリックス、つまり、「顧客ポートフォリオ」の原型をつくりあげたのです。

顧客ポートフォリオで企業を「健康診断」する

ＰＰＭを顧客分析に採用するという西野さんの提案に、社長もすぐに賛同してくれました。その後、検討を重ね、現在の５分類に落ち着いたそうです。

最終的に、「やずや」さんでは、「初回客（＝初回客）」「未開発顧客（＝よちよち客）」「安定顧客（＝コツコツ客）」「成長顧客（＝流行客）」「優良客（＝優良客）」と名づけました。使ってみると、「顧客ポートフォリオ」導入による効果は、西野さんの想像以上のものでした。

それまで、「買っている人」と「やめた人」にしか分けていなかった企業が、購買行動の変化をつぶさに観察することにより、売上が下がった原因を突き止められるまでになったのです。

仮に、ＬＴＶが「血液検査」であるとすれば、顧客ポートフォリオは、「レントゲン」のようなもの。これまでは、血糖値が急に上がったり下がったりしても、聴診器を使って、経験値でしか診断できませんでした。

それが、レントゲンや胃カメラ、ＣＴスキャン、ＭＲＩなど、最新機器を使って体の状態を診ていくことで、糖尿病なのか肝硬変なのか、腫瘍があるのかを特定していけるようになったのです。顧客ポートフォリオの変化を見れば、本当のことが見えてくるということがわかってきたのです。

西野さんは続けます。

「考えてみると、元来の日本の商売というのは、ＣＰＭの発想だったのです。たとえば、八百屋のおばちゃんは、買い物客との会話の中から、Ａさんの息子さんが大学に合格したことも、Ｂさんに孫が生まれたことももちゃんと知っている。一見効率は悪いけれど、お客様の変化を知り、お互いに情報交換しあうことで、着実にファンをつかんでいました。

つまり、ワン・トゥ・ワンで、お客様のことが見えていないと商売にならないということです。お客様のことをどれだけ知っているかで、お客様との絆が強くなる。

八百屋のおばちゃんの『記憶』を『記録』に置き換えて、誰でも同じものが見えるようにしたものがＣＰＭなのです」

お客様を喜ばせるDMは、売り込みではなく「サービス」

その結果、それまで離脱客に何のアプローチもしていなかった「やずや」さんも、フォローDMを出すようになりました。

おそらくは、先代社長が考える「お客様と会社のあるべき姿」と一致したのでしょう。フォローDMは、「売り込み」が目的なのではなく、お客様へのお役立ち情報だったり、お詫びだったり、送る理由が「お客様にとって重要なこと」であれば、それもサービスだという考え方で、買っていないお客様へのフォローを社長も納得したのです。

平成9年に本格的なフォローを始めてから、よい兆候が数字として表れるまでには1年もかかりませんでした。そして、3～4年の間に売上も急カーブで伸びていきました。

その理由は実に単純です。いままではお客様の数が増えても、その分離脱していたので、稼働顧客がほとんど増えていなかったのです。それが、CPMでお客様へのフォローを始めてから、「増えたお客様が、そのまま継続する」という、まさに企業にとって理想的な形ができました。

CPMの1番の目的は、「離脱したお客様を復活させる」のではなく、「お客様との絆を深め、離脱させない」ことです。お客様がやめなければ、新規集客のたびに顧客数は確実に増えていきます。また、きめ細かいフォローによって、たとえ1～2ヶ月間休んでも、またすぐ復活してくれるようになったのです。

広告費を倍にすれば新規客も倍になり、しかも、それが計算通りにいくといった具合で、まるで魔法の杖を得たように顧客数が増えていきました。その読みの精度は、毎年プラスマイナス5％以内だといいますから、驚くべき方法と言っていいでしょう。

初回客へ「2週間ごと6回のフォロー」を始めたのも、ちょうどこのころです。大量に新規のお客様が入るとLTVが下がることに気づき、顧客ポートフォリオの推移を見たところ、「初回客」から「よちよち客」への推移率が非常に悪いことがわかったのです。

新しいお客様は、家庭でいえば新しく生まれた赤ちゃんのようなもの。最初にスキンシップをしっかりとることが大切だったのです。

一方、社内の反応といえば「なぜ急に売上が上がったのか、よくわからない」社員がほとんどでした。しかし、先代社長にはカリスマ性があり、社長が一言、「やる」と言ったら、社員は「イエス」か「はい」が合言葉だったそうで、特別な疑問も違和感も持たず、

ＣＰＭを継続できたそうです。

ワンマン企業から、全員参加型企業へ

そんな社内の空気が変わったのは、2年後の平成11年でした。

盲目的に、「ただ後ろをついていけば、みんな幸せになれる」と、誰もが信じて疑わなかった先代社長が、突然亡くなったのです。

しばらくの間、社内は大きなショックに包まれていたといいます。しかし、いつまでもくよくよしているわけにはいきません。それまで専務を務めていた美世子夫人が社長になることが決まったと同時に、「私たち社員が一丸となって新社長を助け、盛り立てよう！」と意識が変わり、より一層、社内の結束が固まったのです。

それまでは、お客様へのＤＭの文面も社長が全部つくっていましたが、亡くなったあとは、担当者それぞれが工夫して自分たちの手でつくるようになりました。

そんな社員に向かって、新社長は「売ることは考えなくていい。お客様を喜ばせることだけを考えてください」と伝えたそうです。

もともと「やずや」さんでは、お客様のことを「株主」と考えています。お客様は、健康食品を通じて「やずや」さんに投資してくださっている株主。だから、利益が出れば、もっといい商品や情報提供することで還元しようという考え方です。

どうやったら「株主さん」が喜ぶか。それだけを考えて仕事をすることが大事だと西野さんは部下に指導されています。

どうやったら株主である「お客様」が喜ぶかを考えれば、「売れ、売れ」と言わなくても、マニュアルなんてなくても社員は自分が何をすべきか、いま何をすることが最善なのか、自分で考えるようになります。

その上、売上目標の達成はあくまでも社長の責任として、社員へのノルマもありません。またインセンティブのようなものは、目標を達成すると全員に配られる「大入り袋」だけ。中身は1000円だそうですが、目標を12ヶ月で割り、達成すると毎月もらえます。だいたい毎月達成するので、毎月大入り袋が増えます。それを使わずにずっと貯めている社員さんもいるそうです。

「目標値は高く設定するもの」という風潮がある中、「目標というのは、達成するから目標なんです」と、西野さんはおっしゃいます。

「達成できない目標なんて、モチベーションが下がるだけです。プラスマイナス5%からずれたら、我々の立てた目標が悪かったということで、半期に1度目標を見直し、大入り袋が出なくなると目標値を下げます。

反対に、あまりにも目標を上回った場合は、目標値を上げます。ですから、目標というのは、ちょっと背伸びしたら届くぐらいがちょうどいいんです」と西野さんは続けます。

そんな社内では、社員さんたちが生き生きと働いています。「やずや」グループは、女性が多い会社なのですが、西野さんが副社長を務める九州自然館では、陣痛が来るまで勤務を続け、出産3週間後にはもう復帰したという女性スタッフもいるそうです（その理由を聞いて驚きました。オフィスの中に育児室があるのですが、赤ちゃんが泣いたらスタッフ全員が交代で面倒をみるそうです）。

さらに、経理も総務も関係なく、お客様からの電話は全員が受けます。ここにもマニュアルは存在しません。誰が受けてもスムーズに対応ができ、お客様に心地よさを感じてもらえるほどの情報が、顧客画面にパッと現れます。

全員参加型のオフィスでは、すでに受話器をとった瞬間から、お客様を喜ばせるための〝ワン・トゥ・ワン〟が始まっているのです。

附章

自社のボーダーラインを決めるための「Q&A」

本章は附章として、ここまでお伝えしてきたCPMを、「あなたの会社で、どのように使えばいいいか」という視点で、実際にCPMに取り組んでいる企業から寄せられた質問の中から、どんな業界でも当てはまりそうな課題、実行するに当たって注意するポイントなどをわかりやすくQ&Aにまとめたものです。

CPMを使って1日も早く結果を出すためにも、あなたの会社の状況と照らし合わせながら、ぜひ参考にしてみてください。

無料サンプル請求者以外は、すべてポートフォリオの対象になる

Q．化粧品などの新規獲得でよく使われるお試し価格、いわゆる「トライアル販売」という手法で集客した場合、購入金額が500～1000円程度の少額であっても、ポートフォリオで顧客分類する「初回客」にカウントすべきでしょうか？

A．顧客ポートフォリオでは、無料（サンプル請求）でなければすべて対象にすると考えています。したがって、たとえ1000円でも、トライアル商品を購入していただいた

時点で、その方は「初回客」になります。

その理由は、人間は、多少であれ財布からお金を出すと、「購買後の評価」をするからです。

ここで、新規客と捉えずにフォローシステムがうまく働かないと、「この商品を買ったのは間違いだったのか?」と、商品に対する不安や買った会社への不満が残ってしまい、通常の価格で集客した顧客に比べて、その後のリピート率が著しく低下します。

つまり、金額の大小にかかわらず、会社として新規フォローをしっかり行うために、「初回客」と認識する必要があるのです。

ちなみに、「やずや」さんでは、有料サンプルの販売は一切していないそうです。以前に行った際、「不良売掛が増加し、その対応にかえって時間とコストがかかった」にもかかわらず、「無料サンプルと比べてレスポンス的に大きな差が生じなかった」というのが、有料サンプルをやめた主な理由だそうです。

しかし、トライアル販売や、初回だけの値引きも、顧客数全体の分母を大きくするには有効な手段であることは間違いありません。

要はきっちりとフォローを行い、「優良客」に導くことが大切です。

最初の3ヶ月で徹底的にコンタクトをとることが重要

Q.「初回客」になって3ヶ月（＝90日）を待たずして「よちよち客」になった場合も、「初回客」用のフォローは徹底すべきでしょうか？

A．CPMの重要なポイントの1つは、「初回客」を「よちよち客」に進めることであり、次に、「よちよち客」を「コツコツ客」に進めることです。

この2段階がスムーズに行かない限り、CPMは成り立ちません。つまり、3ヶ月間の徹底的なフォローで、この階段を上っていただかないといけないのです。

そこで、「初回客」にやっていただきたいのが、「2週間に1度のハガキ」「1ヶ月に1度の封書」「3ヶ月に1度のニュースレター（季刊誌）」の3点セットです。これを実行すると、ハガキが6回、封書が3回、ニュースレターが1回で、3ヶ月間に合計10回のコンタクトを取ることになります。

なぜ、ここまでコンタクトを取ることにこだわるのでしょうか。この関係を、「企業とお客様」ではなく、「人と人」として考えるとよくわかります。

ある人とビジネスの会合で出会い、名刺交換をした際、1年間全く連絡を取らなければ1年後に会ってもお互いに顔も覚えていないか、仮にどちらかが覚えていたとしても、その関係は1年前と同じ。お互いの自己紹介からやり直すことになり、貴重な時間をムダにしかねません。

ところが、名刺交換をした直後から数ヶ月もの間、メールやハガキなどで頻繁に連絡を取り合っていれば、たとえその後1年間会わなかったとしても、お互いの状況がわかっているので、あいさつもそこそこに、顔を合わせた途端にすぐ本題に入れ、ビジネスの話もスムーズに進むでしょう。

お客様との関係も、それと同じ。お客様になった最初の時期に頻繁にコンタクトをとれば、「よちよち客」を過ぎた「コツコツ客」以上のお客様には、1ヶ月に1回の封書と3ヶ月に1回のニュースレターだけでも、よい関係性は保てるのです。

財布から出したお金が1ヶ月以内に戻ってくればフォローを続ける

Q. 顧客層ごとのフォローDMの投資判断について、基本的な考え方を教えてください。

A．基本となるフォローDMの考え方は、「財布から出したお金が1ヶ月以内に戻ってくる場合はフォローを続ける」というものです。

たとえば、1通当たりのコストを160円とし、1000人に案内を行うとして考えてみますと、この場合のコストは、160円×1000人＝16万円となります。

次に、1人当たりの平均購買単価を2000円とし、粗利率を70％と仮定すると、1人当たりの粗利益は、2000円×70％＝1400円となります。

ここで、「財布から出したお金が1ヶ月以内に戻ってくる場合はフォローを続ける」という原則からいくと、投入したコストが、「フォローで得られた粗利でまかなえるのか？」ということになります。

そこで、投入コストを、1人当たりで得られる粗利益で割ると、最低目標にすべきレスポンス人数が見えてきます。この場合は、16万円÷1400円＝115人（114・3なのでここでは切り上げる）となり、115人×2000円＝23万円が最低目標売上ということになります。

結論として、この売上が確保できるのであれば、フォローDMも続行すべしということになります。

顧客フォローは「売り込み」ではなく「絆づくり」

Q．「あまりしつこくDMを送ったら嫌がられるのではないか」という思いがあり、いまだにDMを送ることに躊躇してしまいます。DMを送っても嫌われない方法はありますか？

A．顧客フォローの本質とは、「購買後のアフターフォロー」であり、お客様との「絆づくり」が目的です。決して「新しい売り込みだけをするためにDMを送る」ということではありません。買っていただいたお客様に、「買ってよかった！」と、どれだけ満足してもらえるかが顧客フォローのポイントです。たとえば既存客が少ないなら、まずは「手書きのお手紙で感謝の気持ちを伝える」など、アフターフォローをすることをお勧めします。

また、手段や方法よりも、「お客様に喜んでいただけるには、どうしたらよいか？」という問いを発することから生まれたアイデアを実行することが重要です。

「お客様に喜んでいただけるには、どうしたらよいか？」

そう考えると、クレームがあったのなら、お詫びのお手紙を出すことが重要だとわかります。1回出してだめでも、再度送る。そうやってお客様とつながることが大切です。たとえば、「古い体制では、このようなところでご迷惑をおかけしましたが、いまはこうなりました」とか、現在の発送風景を写真に撮り、「こんなふうに発送しています」とか、やり方もいろいろあると思います。本文にもありますが、「やずや」さんでも、DMの内容を情報提供に徹したところ、8年間送り続けたお客様が戻ってきた例があります。

フォローは、まず「2パターン」送ればOK

Q. いままで何もフォローをしてきませんでした。これからお客様へのフォローを始めようと思っていますが、フォローツールに取り組むに当たって、まずやるべきことは何でしょうか?

A. 本来は、フォローツールも4つの顧客層(「初回客」「よちよち客」「コツコツ客」「優良客」)に分けるべきですが、これまで何もフォローしてこなかった会社に、いきなり

4つに分けろといっても難しいでしょう。

そこで最初は、「初回客とよちよち客」「コッコツ客と優良客」、この2パターンのフォローツールをつくり、毎月送るだけでもずいぶん変わるはずです。それも両方は難しいということであれば、「コツコツ客と優良客」のフォローからスタートすればいいでしょう。月に1回、1つだけなら、最初の取り組みとしてはできる可能性が高いと思います。

「でも、毎回新しいネタを考えるとなると…う～ん」と、頭を抱えてしまう人もいるかもしれませんが、心配はいりません。ハガキの内容は、過去に送った情報の焼き直しやアレンジでいいのです。大事なのはお客様とつながっていることであって、すべて違うトピックを載せる必要はありません。それよりも、角度を変えて、繰り返し商品のよさや会社の姿勢を情報提供すればいいのです。

内容の見直しは、1年に1回程度でかまいません。それも、より効果的な体験談があったり、お客様からの質問の内容が変わったりしたときにつくり直せばいいでしょう。

たとえばセミナーなどでもそうですが、講師側は、参加者の顔ぶれが半分くらい同じだと、自分のほうから話の内容を変えたくなるものですが、当の参加者は、毎回新しい話を聞きたいわけではなく、前回の話をもう一度聞いて確認したいと思う人が案外多かったりするものです。

それから、注意ポイントとしては、ＤＭを送る際、必ず注文ハガキをつけること。注文ハガキがないと、お客様は電話をするしか方法がなくなります。また「コツコツ客と優良客」向けの場合は、初回客と違ってすでにお付き合いがありますから、ごあいさつ状などは抜きでも、いきなり商品やお役立ち情報を載せてもいいでしょう。

イメージにこだわらず、知恵を絞れ

Ｑ．イラストか写真か、カラー刷りか１色刷りかなど、ＤＭのつくり方によってレスポンスに違いはあるのでしょうか？

Ａ．イラストと写真でのレスポンスの差はほとんどないと思われますが、どちらかというと写真よりイラストのほうがお客様への親近感は高まります。また、カラーにするかどうかは、ほとんどレスポンスに影響ありません。
ＤＭの内容については、文章はもちろんのこと、デザインやイラストも含めて、アウトソーシングせずに、あくまでも社内でやることをお勧めします。

結局、フォローで大事なのは、お客様の立場から見て、「この会社は、自分のことをわかってくれる」と思っていただけるかどうかです。そうであれば、お客様のことをわかっている社内スタッフが、いい文章を書けるはずです。お客様の声を知らない外部業者に任せても、顧客との間にギャップが生まれるだけです。

もう1つヒントを挙げると、お客様からのうれしいお便りや、お客様が無意識に発する言葉の中に、たくさんのキーワードが含まれています。レスポンスのよし悪しは、イラストの有無より、むしろ、DMに書くキャッチコピーや内容にかかっているといえます。

「紙」で伝えることの重要性

Q．まだスタートしたばかりということもあり、あまり資金がないのでインターネットを使ってビジネスをしたいと思っています。資金がなくても事業が成功する秘訣はありますか？

A．いまはインフラが整っていますから、個人でインターネット通販をやる方も増えています。ただし、既存のお客様に対しては、たとえネット経由でご購入いただいていても、紙媒体できちっとフォローすべきです。

ネット通販で陥りやすいのは、ネットで集客したら、ネットでフォローが当たり前と考えてしまうことです。ネットで注文がきたのだから、アフターフォローも効率よく、自動返信メールとメルマガで…となってしまうわけです。

しかし、多くの場合、そのような「機械的な扱われ方」をされたお客様は、初回で離脱してしまいます。その理由は、インターネットから入ったお客様は、インターネットが便利で楽だからネットで注文しただけであって、ネットでのフォローを望んでいるわけではないからです。

しっかり顧客維持しようと思うのであれば、少し手間はかかりますが、ハガキなどの紙媒体でフォローすることをお勧めします。それも、文章を手書き、もしくは手書きしたものをコピーして送ることとです。そうすると、レスポンス率は急激に上がります。

また、資金がない場合にはハガキの利用をお勧めします。ハガキなら、封を切らなくても必ず読めますし、ハガキと封書、どちらで送ってもレスポンスはほとんど変わらないため、簡単でコストも安いハガキのほうがいいでしょう。

一方、メルマガなどは、こちらは定期的に送っているつもりでも、迷惑メールホルダーに自動転送されてしまうことがありますから、どうしても離脱しやすくなります。

「ハガキでやりたいけれど、どうしても費用が出せない」という場合は、メールでもかまいませんが、その際、使う言葉に〝想いや感情を込める〟ことを忘れないでください。

また、サンプルや商品を〝ていねいに送る〟ことも大切です。箱を開けたら「請求書」ではなく、手書きに近い「ごあいさつ状」があったりすると、お客様への感謝の気持ちが伝わりやすくなります。

お客様にとっては、想定外のきめ細かい対応をされると、「こんなことやって儲かるのかな？」と思いながらもうれしくなるものです。そして、「この会社の、この商品を買った自分の選択は正しかった」と、購買後の評価もグッと上がります。

トップの意思の強さで、社員のモチベーションが決まる

Q. 現場の人間が全員参加するような会社の風土をつくるためのコツはありますか？

A. やはり大事なのは、トップが会社の夢やあるべき姿を示すこと。そこがきちんとできていないと、ただの放任経営になり、みんなが好き勝手にやり始めて収拾がつかなくなります。そして、その上で権限を現場に任せるのが1番いいでしょう。

「やずや」さんの場合は、そうした社長の理念を経営計画書として発信しています。社員は、それを何度も読みこなし、時には書き写して、無意識に行動できるくらい徹底的に反復します。そうした上で仕事を任されるので、社長の考え方と一致したアイデアや対応が自然と出てくるのです。

経営計画書ほどかしこまったものはなくても、スローガンや経営方針など、全員が同じ方向を向く太い柱があれば、その中で現場が好きに動けるようになるでしょう。

商品開発の基準は「想い」

Q. CPMの手法に着目し、顧客も順調に増えてきました。さらに商品を追加する場合に、どのような基準で検討したらいいでしょうか?

A．1番のポイントは、生産者や開発者と私たちの「想い」です。
たとえば「やずや」さんでは「生産者の想いを伝えたい」が商品開発の基本となっており、「想いのある生産者との出逢い」がないと商品開発はできないとまでいわれています。

そのため、新商品開発の時期は不定期になることもあるそうです。

また、「化粧品を販売しながら洗剤を販売するなど、既存商品とは全く関連のない商品を販売してもよいでしょうか？」というご質問もよくありますが、商品とは「我が子」のようなものであり、人が子どもを宿すことと同じで、子どもを宿すかどうかは、生産者と私たち夫婦としての「想い」を大事にするのがいいでしょう。

おわりに

この本は、これまで一般公開が許されなかった秘密の書です。

言葉は文字になってしまうと、ややもすると書き手の本意とは違うように受け止められる可能性を秘めています。そのため、いまも実際に日々活動している企業にとっては「誤解を生む可能性があるものは、出してほしくない」と思うものです。事実、当初は「本として世の中に出すことは避けたい」というお話もありました。

しかし、私は「人間同士の絆」が失われつつある現代において、「お客様は家族である。家族との深い絆づくりを大切にしよう」という本書のメッセージは、日本の中小企業が次の活路を見出す希望の光になると感じていました。

そこで、「日本の中小企業のために！」と、本書の出版の機会を与えていただきたいと、開発者である西野博道さんに強くお願いしました。そして、その熱意が通じたのか、最後には西野さんも「日本の中小企業のお役に立てるのなら」と、本来なら、企業秘密レベルのノウハウである『顧客ポートフォリオ・マネジメント理論』の一般公開までも、快く許可してくださいました。

ちなみに本書は、私の視点から書いたものであり、文章中の表現に関して、もし誤解を生むことがあれば、すべては私の表現の未熟さゆえのことです。何卒ご容赦いただければと思います。

最後に、本書は、リピート顧客倍増実践会の１日セミナーの内容と会員の皆様の実践例から生まれたノウハウがぎっしりと詰まった１冊となっています。ぜひ何回もお読みいただき、あなたの仕事にお役立ていただければ、これほど嬉しいことはありません。

謝辞

『顧客ポートフォリオ・マネジメント理論』を書籍として世の中に問うことができたのは、ひとえに開発者の西野博道さんのご協力のおかげです。この手法によって、今後どれだけの企業が救われるかを考えると本当に感謝の念に堪えません。また快く事例を提供してくださった会員の皆様のおかげで、大変わかりやすい本となりました。本当にありがとうございます。

橋本陽輔

【本書で学んだ顧客ポートフォリオで成果を出したい方へ】
6ヶ月以内にリピート率を20%以上アップさせる
リピート創出【無料】プレコーチング
をご用意しました。

このたびは、本書をお買い求めいただき、誠にありがとうございました。

本書では顧客ポートフォリオ・マネジメント（CPM）理論の基本をお伝えしましたが、リピートを創出するという目的から考えると、本書を読むことは成果へのまだ半分にしか過ぎません。成果を出すために最も大事なことは「今スグ実践すること」です。

じつは、当会のホームページで各業界のCPMの結果を公開していますが、今まで各業界の顧客リストをCPM分析した結果、80％の会社の顧客リストの約60％以上が「初回離脱客」で占められている状態だったのです。

本書でも述べましたが、残念なことに"初回離脱客は、ほぼ再購入しないお客様"です。これは業界が変わっても、ほぼ同様です。

しかし、ほとんどの会社は、このような状態になっていることにさえ気づいていません。わたしどもは、その状況がくやしくてなりません。早く気づいていたら手が打てたにも関わらず、何もしないまま、"ほぼ再購入しないお客様"を増やし続けている状況です。もしかしたら、あなたの会社も同じような状況かもしれません。

そこで、リピート顧客倍増実践会では、本書をお読みいただいた方への特典として、★【期間限定】でスカイプ（インターネット通話）を使用した【無料】プレコーチングをご用意しました。

もし、そのような状況であれば当会のリピート創出【無料】プレコーチングは、あなたのお役にたてます。

あなたがやるべきことは以下の2つです。

【STEP1】出来るだけ早く、あなたの会社の顧客ポートフォリオを出します。（当会の無料プレコーチングに申し込むだけで、無料で出すことができます）
【STEP2】出来るだけ早く当会の無料プレコーチングで得たアドバイスを実行し、顧客の流出を防いでください。

この2つを出来るだけ早く行うだけで、あなたの会社の流出率は減っていくことをお約束します。ぜひ、この機会に1日でも早く無料プレコーチングをご利用ください。

限定無料

いますぐこちらの特設WEBサイトにアクセスしてください。
http://www.1cpm.jp/try/